कृति-का

वाणी प्रकाशन
21-ए, दरियागंज, नई दिल्ली-110002
फोन : 23273167, 23275710, 51562622 फैक्स : 23275710
e-mail : vani_prakashan@yahoo.com
vani_prakashan@mantraonline.com

कृति-का

इला कुमार

वाणी प्रकाशन का लोगो
विख्यात चित्रकार मकबूल फिदा हुसेन
की कूची से

ISBN : 81-8143-346-7

वाणी प्रकाशन
21-ए, दरियागंज, नयी दिल्ली-110002
द्वारा प्रकाशित

प्रथम संस्करण : 2005

आवरण : वाणी चित्रांकन

मूल्य : 125.00

शक्ति ऑफसेट, दिल्ली-110032
द्वारा मुद्रित

KRITI-KAA
(Novel)
by Illa Kumar

माँ के लिए

I

उसने ऊपर की ओर देखा, ठंड की परतों के बीच कुहासे की नामालूम-सी उपस्थिति अपने होने को टटोलती हुई वहाँ मौजूद थी। उनके बीच छत की दरारों से झाँकती हुई सँवलाई-सी सुबह स्वयं को अनावृत्त कर रही थी।

सामने पसरी लोहे की लंबी लकीरनुमा लाइनों को देखते हुए वह लगातार सोचती रही कि पता नहीं ट्रेन इधर सामने की तरफ से आएगी या पीछे से। पीली बुंदकियों वाली सिल्क की साड़ी के पल्लू को दाहिने कंधे पर लपेटते हुए उसने पूरे प्लेटफॉर्म, स्टेशन और लाइन को एक बार देखा, फिर अपने आसपास रखे सामानों को—होल्डाल, बड़ा सूटकेस, छोटा सूटकेस, अल्युमिनियम के छोटे-बड़े दो ट्रंक, एक बोरा, एक डोलची।

इतने सारे सामानों के बीच स्वयं को पाकर उसे संकोच-सा हुआ। पता नहीं दूसरे लोग क्या सोचेंगे।

उसने सुराहियाँ तथा रंगबिरंगे पंखे बेचने वाली बुढ़िया की ओर देखा। वह चुपचाप सामने ताकती बैठी थी। चाय के ठेलेवाला पूड़ी-सब्जी के भगौनों को एक के ऊपर एक रखकर कड़ाही के नीचे स्टोव की आँच को ठीक कर रहा था। मैगजीन की दुकान बन्द थी।

"तुम यहीं बैठ जाओ। इसी बक्सा पर।"

"यहाँ?"

"हाँ, हाँ। बैठ जाओ। मैं ट्रेन का पता लगाकर आता हूँ।"

कृति बैठ गई।

"साहेब! हमको पइसा दे दीजिए। दूसरा सवारी भी है।"

"देखो! पहले ही तुमको बोल दिए थे कि गाड़ी में चढ़ाने पर ही छोड़ेंगे।"

जयंत ने कुली को घूरकर देखा और आगे बढ़ गए।

'ठीक है' की मुद्रा में कुली वहीं थोड़ी दूर पर उकड़ूँ होकर बैठ गया, जैसे उसे पहले से ही पता हो कि पैसा अभी नहीं मिलने वाला है।

स्टेशन अभी पूरी तरह जगा नहीं था। पूरे प्लेटफॉर्म पर ठंड की परत हल्की खुनक जैसी छाई हुई थी। पटरियों पर गिरे कागज के टुकड़ों पर, सामने प्लेटफॉर्म पर, इधर-उधर आते-जाते लोगों के चारों ओर सुबह की धुंध बेपरवाही से मौजूद थी। एक अनदेखी चादर तले सारा वातावरण चुप्पी में डूबा हुआ। मौन। जैसे ही गाड़ी आएगी इस चादर को फेंक एकबारगी वह जाग उठेगा।

अपने में पूरी तरह गुम इस माहौल के बीच कृतिका ने इस सुबह को अपने चारों ओर लिपटा हुआ पाया। शरद की ताजी हवाओं के बीच उगी हुई इस्पात नगरी की इस भोर ने अचानक कृतिका को पहले बीत चुकी कई सुबहों के रू-ब-रू खड़ा कर दिया।

फरवरी की उस सुबह सईनी के रेस्ट हाउस में जयंत ने अचानक ऐलान किया था—

"आज हम सामने वाले पहाड़ की चोटी पर चलेंगे। वहाँ ऊपर। ट्रेन से जहाँ सिर्फ चिकनी काली चट्टान दिखती है, एक भी पेड़ नहीं।"

कृतिका झट तैयार हो गई थी। वे रेस्टहाउस के गेट से निकलकर स्टेशन की तरफ बढ़े थे। उन्होंने लकड़ी के ओवर ब्रिज को तेज कदमों से पार किया था और दूसरी तरफ उतर कर ऐन बाजार के बीच जा पहुँचे थे, जहाँ छोटी-छोटी दुकानों के सामने की सड़क पर जमीन पर बोरा बिछाए सब्जी बेचती औरतें बैठी थीं—पातगोभी, लौकी, हरी मिर्च, लहसुन, अदरक, लाल साग, कुम्हड़ा-डांटा, अमरूद और कच्चा केला।

उस सबों के बीच से गुजरते हुए कुछ अनुच्चरित सवाल उन दोनों को बार-बार घेरते रहे थे—

'एतना सुबह-सुबह इ छोरा-छोरी इदर किधर जाता?'

'इ जंगल और उ पहाड़ का रास्ता इन लोगों को पता है क्या?'

शहर में पले-बढ़े जयंत-कृतिका के लिए खुले हुए जंगल-पहाड़ का आकर्षण एक तिलिस्म की तरह था और उन्हें पता था कि इस तिलिस्म को उसके अन्दर पैठकर ही जाना जा सकता है। सौंदर्यित-ऊर्जस्वित सुबह ने तिलिस्म के सारे दरवाजों को जंगल की इजाजत से खोल डाला था और वे दोनों उनके बीच आगे बढ़ चले थे।

जंगल वहाँ पटरियों के उस पार चुप साक्षी भाव से सबों को निहारता खड़ा था। पहाड़ की तलहटी से उगकर झाड़ियाँ और पेड़ चोटी तक चले गए थे। उनकी श्याम-हरित द्युति के बीच सूरज अपनी किरणों के बल पर हर सुबह अंदर घुस आने की कोशिश करता। इधर-उधर बिखरी तमाम रोशनियों के बावजूद किसी-न-किसी कोने में, एकाध ओस की बूँद, किसी पत्ते की ओट में छिपी मुस्कराती बैठी रहती। समूचा दिन गुजर जाता ओस की बूँद तक कोई नहीं पहुँच पाता। वह साबुत बनी अपने होने को सँवारती रहती।

उस सुबह कृति और जयंत सारे जाने-अनजाने कथ्यों-तथ्यों और सुने-अनसुने प्रश्नों के बीच घने जंगल को जाने वाले रास्ते की ओर मुड़ गए थे।

साल के बड़े-बड़े पत्तों से छनकर आती धूप मानो हरेपन से रँगी-पुती थी। वे रश्मियाँ पहले तो टीक के अनगिनत वृक्षों की फुनगियों पर सजे पत्तों से टकरातीं, फिर परावर्तित होकर कृति की धानी रेशमी साड़ी के आँचल को छूतीं और तब वापस जंगली घासों के झुरमुट में गुम हो जातीं। जंगल स्वागत के अलग अंदाज को निभाता हुआ अनथका खड़ा दिखता। हवाएँ ताजगी भरी निर्मल गंध में डूबी हुईं।

पगडंडियों ने धीरे-धीरे स्वयं को पहाड़ की ओर मुड़ने देना स्वीकार किया था और उन्हीं पगडंडियों पर चलकर कृति और जय चढ़ाई की ओर बढ़ चले थे। आगे जंगल अपने पूरे घने दबाव के साथ मौजूद था। वहाँ सलोनी सुथरी हवा थी, खुनक भरी हल्की गंध में लिपटी हरिअरी की तुर्श महक थी।

धूप के चकत्तों की आँखमिचौली के बीच बढ़ते चार कदमों के नीचे पूरी पृथ्वी का अलोनापन सिमट आया था। बीच-बीच में पहाड़ पर पत्ते झाड़ियों के लतर, चेहरे से,

बाँहों से लिपट पड़ते, मानों कहते हों–

"थोड़ा हमारे पास भी तो थमो। वहाँ ऊपर क्या है? चिकनी काली चट्टान। पहाड़ की छाती-सी कठोर।"

शीर्ष पर वाकई चिकनी काली आबनूसी चट्टान थी। लेकिन वहाँ एकान्त भी था गहरे तपे हुए रंगत के ठंडे लोहे जैसा।

कृति के गजभर लंबे बाल चट्टान पर छितर गए थे।

जय के उदग्र चेहरे के पीछे बिना सलवटों वाला सिंटा हुआ आसमान था।

जंगल की निस्तब्धता ने स्वयं को कंपनों में ढल जाने दिया था और ठिठकी हुई कोई कौंध उनके कंधों से उठकर पूरे आकाश पर छा गई थी। बेआवाज जादू ने वहाँ अपना पसारा आधे खोखल तक फैला दिया था।

प्लेटफॉर्म के अनछुए एकान्त के बीच कृतिका को सईनी कस्बे की याद शिद्दत से आई।

रेस्ट हाउस की खिड़की के बाहर पसरा विस्तृत मैदान, जिसके बेंच पर अकसर वह जयंत के साथ जा बैठती थी; वहाँ से आसमान गोलाई की परतों के बीच तना-तना हुआ दीखता, हल्के नीलेपन की तह धीरे से पिघल उठती थी। कृति को वहाँ की बारिश से भीगी सुबहों की याद आई। अनायास घिर आते श्वेत श्याम बादलों की परत के पीछे ठिठका पूरे का पूरा विद्युतलोक विरल के बीच से झाँकने लगता था और वहाँ रह-रहकर विद्युतीय कौंधन के कपाट खुलते और बन्द होते। आकाश को घेरे रहनेवाले द्युलोक की जगमगाती कौंधों को कृतिका कभी भी आँख भरकर देख नहीं पाती थी।

उस कस्बे को घेरे रहनेवाले पहाड़ों पर उगे जंगल की समृद्ध स्मृति ने, प्लेटफॉर्म पर बैठी कृतिका को अपनी हल्की हथेलियों से पूरे वातावरण सहित छू लिया।

ठीक उसी समय बीत चुके बरसों के पहले स्थित जसीडीह की सुबह सारे माहौल पर हावी होती हुई अपने पूरे अहं के साथ उभरी और उसने कृतिका को चारों ओर से

लपेट लिया।

कृतिका ने स्वयं को बचपन की एक अद्भुत सुबह की आकृति के बिम्बों के बीच चुपचाप घिरते हुए देखा।

''लो। इसमें से लो।''

सामने की सीट पर बैठी सात-आठ की लड़की ने अपने हाथ में पकड़े बिस्किट का डब्बा कृति की ओर बढ़ाया था।

अक्तूबर महीने की उस सुबह जसीडीह स्टेशन पर खड़ी सवारी गाड़ी में माँ और बाबूजी अपने पूरे अमलेफैजे के साथ सवार हुए थे—सातों बच्चे, खाना बनाने वाले पंडित जी, छोटा टेलवा नौकर और चच्चा।

हर साल की तरह दशहरे की छुट्टियों में वे लोग बैद्यनाथधाम जा रहे थे। गाड़ी खुलने में समय था। नाश्ते के लिए वहीं स्टेशन पर बन रही पूड़ी जलेबी के दोने बड़े भैया तथा पंडित जी एक-एक करके सबों को पकड़ा रहे थे।

सबसे छोटी कृति के हाथ में जैसे ही दोना आया, सामने बैठी बिस्किट खाती लड़की उसकी ओर सरक आई। उतनी देर से अपने बिस्किट बाँटने का ख्याल उस स्वार्थी लड़की के दिमाग में नहीं आया था। अब वह बँटवारे के लिए उत्सुक हुई थी, लेकिन कृति इसके लिए तैयार नहीं थी।

''हमको नहीं चाहिए। तुम अपना बिस्किट खाओ।''

सेकेण्ड क्लास के उस डब्बे के फर्श पर पड़ती तिरछी लाल धूप ने अपने प्रतिबिम्ब को कृति के गालों पर, उसकी बाँहों और घुटनों तथा पैरों पर रच दिए थे। उसे पूरे का पूरा आलोकित कर दिया था। मानों उन हल्की सुनहली रश्मियों ने यह पहले से ही तय कर रखा था कि सुबह सवेरे जब कृति नाम की लड़की वहाँ डब्बे की उस सीट पर आकर बैठेगी तो वे पूरी गर्मजोशी तथा कोमलता के साथ उसे अपने घेरे में ले लेंगी।

रेल से अपनी याददाश्त में शायद कृतिका की यह पहली मुलाकात थी, ट्रेन खुलने की प्रतीक्षा में डूबी हुई। और आज कृति लोहे के खदानों वाले प्रदेश की ओर जा रही थी, जहाँ माल ढुलाई रेलवे का प्रथम उद्देश्य था। साथ ही रेलकर्मियों का अनन्य कर्तव्य भी।

उस कस्बेनुमा जगह में सिर्फ रेलकर्मियों, उनके परिवारजनों और रेलवे कॉलोनी के बीच रहना कैसा लगता होगा इसकी कोई कल्पना कृतिका के मानस में नहीं थी। इतना उसे जरूर पता था कि रेलवे अफसर के रौब-दाब दूर तक फैले हुए होते हैं। लेकिन बीतते समय के साथ, बाद के वर्षों में उस रौब की धमक पूरे परिवार के हर व्यक्ति को परछाईं की तरह अपने घेरे में ले लेने की कोशिश करती है—यह कृतिका को नहीं पता था।

कृति जिस दुनिया में बतौर एईएन की पत्नी बनकर जा रही थी उसके बारे में कुछ भी उसे नहीं पता था। वह अपने बीते वर्षों के आलोक, अनुच्चरित सिद्धांतों और अपनी जादुई खुशमिजाजी के साथ वहाँ जा रही थी। कितने आश्चर्य की बात थी कि अपनी इस खुशमिजाजी के बारे में भी कृतिका को ठीक-ठीक पता नहीं था।

क्या जयंत से पहले कभी किसी ने उसे कहा था कि उसकी हँसी घंटियों के मधुर झनकार की तरह वातावरण में माधुर्य की लहरें सृजित करती है? नहीं। शायद इसके पहले कृतिका कभी इतनी खुशनसीब नहीं थी।

"की है कीरती बहिन? इहाँ कहाँ?"

दिनेश भाई की आवाज पर कृति ने चौंककर ऊपर देखा।

"जफरपुर से अबइत हत की? कहाँ जाइछ? कलकत्ता?"

कृति उठकर खड़ी हो गई।

"न्न। हम त डोंगापोसी जाइछी।"

"इ कहाँ पड़इछई?"

"की मालूम"

"अच्छा, अच्छा! आ मेह्मान?"

"उहाँ। स्टेशन मास्टर के रूम में।"

कृति ने जयंत के जाने की दिशा में अँगुली दिखाई।

"चाय पी ब?" बिना उत्तर की प्रतीक्षा किए दिनेश भाई चाय वाले के स्टाल की ओर बढ़ गए।

कृतिका मुस्कराई।

छोटूभाई ठीक ही कहता है—

"इ दिनेसवा को एस्टेशन का चाय पिए बिना खाना नहीं पचता है। एस्टेशने इसका पार्क है, एस्टेशने बाजार है। ऊँहई घूमते रहता है।"

लेकिन जफरपुर से इतनी दूर आकर वहाँ के बड़े डॉक्टर सिद्धेश्वरनाथ का लड़का यहाँ के स्टेशन पर घूमता हुआ मिलेगा, यह कृतिका को नहीं पता था।

"ले बहिन। पी। हम अबइछी।"

कृति दिनेश भाई की पीठ को स्टेशन मास्टर के कमरे की ओर जाते हुए देखती रही और अचानक अपने शहर की स्मृतियाँ उसके आसपास सिमटने लगीं।

अपना मुहल्ला, ओवर ब्रिज के ऊपर से रिक्शे में सुबह कॉलेज जाते हुए आसपास बिखरी हुई ताजगी भरी हवा की गंध। कॉलेज की भव्य लाल इमारत और दुबगली खड़े मोटे-मोटे वृक्षों की पंक्तियाँ। सभी की परछाईं एक साथ कृति के पास दबे पाँव आ गई।

अपने घर की छत से दिखता खुला आसमान पीछे जाकर मन नदी की धारा पर झुकता-झुकता सिकन्दरपुर के पेड़ों की पंक्तियों के बीच गुम हो जाता। बचपन में दशहरे के समय तिमंजिले पर खड़े होने से रावण दहन का दृश्य वहाँ सिकन्दरपुर के उसी आकाश पर रोशनियाँ बिखेर डालता।

रावण धू-धू कर जल उठता।

माँ आँगन में खड़ी होकर आवाज लगातीं—"सब लड़िका सब नीच्चे आ ब। इहाँ देखा। कथी आएल ह। लड्डू!"

बड़े भाई-बहनों के पीछे कृति भी भागती, फिर भी सबसे पीछे पहुँचती। जाकर माँ की दाहिनी तरफ सटकर खड़ी हो जाती। बायीं हथेली में उनकी साड़ी पकड़ लेती, एकदम धीरे से, पता न चले, कोई देख न ले।

अपना घर। लाल बुर्जियों, गोल खम्भों और सफेद जालीदार नक्काशी तथा रेलिंग वाला शानदार मकान।

माँ ऽ ऽ ऽ ऽ!

माँ की स्मृतियों के बीच कृतिका के गले में कुछ अटकने-सा लगा। गोल पहिए वाली कुर्सी पर बैठी माँ की आकृति की याद उसे बेचैन करने लगी। उन्हें समय पर खाना, नाश्ता मिलता होगा या नहीं, क्या पता।

वैसे शादी के बाद एक तरह से उसने स्वयं को बहुत अलग कर लिया है। वह मायके रही ही कहाँ है शादी के बाद।

लेकिन क्या माँ से स्वयं को अलग कर पाएगी कभी? माँ के प्रति अपनी जिम्मेदारियों से स्वयं को मुक्त कर पाएगी?

कृति इसका जवाब जानती है। वह कभी भी स्वयं को अलग करना चाहती ही नहीं, अलग करेगी भी नहीं, अलग करना चाहेगी भी नहीं।

उसके मानस का एक सिरा हमेशा माँ से, उनकी स्मृतियों से जुड़ा रहता है, वह जहाँ भी जाती है, माँ उसके मानस के साथ चलती हैं, स्वप्न की नाईं।

वह अंशतः उनके साथ ही रहती है मानों।

अपने कमरे से माँ के कमरे में खुलने वाले दरवाजे के पल्ले उसकी स्मृतियों के बीच हमेशा खुले रहते हैं, उसी दरवाजे से निकलकर लाठी के सहारे अपने भारी शरीर को टेकती-टेकती माँ आकर कुर्सी पर बैठ जातीं, भारी शरीर मानों कुर्सी के बीच ढह पड़ता। हाथ में पकड़ी हुई लाठी को बायीं ओर दरवाजे के कोने से सटाकर खड़ा करने के प्रयास में कई बार लाठी गिर भी जाती।

"हमरा के पानी उनी न देबे की?"

उनकी आवाज में मिन्नत से ज्यादा असहायता की गूँज गूँजती–

"एक मिनट माय।"

कृति पहले तिपाई लाकर सामने रखती थी। उसके ऊपर मटमैली बड़ी चिलमची। ब्रश में पेस्ट लगाकर उनके दाएँ हाथ में पकड़ा देती थी और स्टील के जग में भरकर पानी ले आती थी।

माँ के ब्रश करने के दौरान कृति कमोड का पैन उठाकर लेट्रिन में ले जाती, उसे पलटकर एक मग पानी से पैन को खँगालती।

लौटकर अपना हाथ साबुन से धोती फिर माँ का ब्रश धुलाती, उन्हें कुल्ला करने के लिए पानी देती। उसके बाद बिस्किट के साथ चाय। कृति भी वहीं बगल में बैठकर चाय पीती।

कृति को माँ पर कभी गुस्सा नहीं आता था। उनके गुस्से पर भी गुस्सा नहीं आता था। उतनी-सी उम्र में ही मानों रोल पलट गया था।

इन सुबहों में कौन उनका हाथ धुलाता होगा? शायद नीलिमा भाभी। निश्चय ही वही धुलाती होंगी। दोपहर का खाना पंडित जी या दाई लाकर स्टूल पर रखते होंगे।

उन्हें घूमनेवाली कुर्सी पर बिठाकर दाई या नौकर बाहर ले जाते होंगे या जेठू भाई स्वयं। कितना अच्छा होता चुनमुन भाई की नौकरी पिछले साल वहीं घर के पास ही लगी होती। आज के दिन इतनी दूर जाते हुए कृतिका के मन में एक भरोसा रहता।

यह फाँस थोड़ी कम चुभती।

कृतिका उस समय मानो वापस अपने घर पहुँच गई। माँ के कमरे से लेकर बाहर के गोलम्बर तक वह घूम आई। अपने कमरे की खिड़की के पीछे खड़े अमरूद के पेड़ को भी देखा।

दो नावों पर सवार कृतिका का मन भँवर के बीच जा फँसा।

शायद आगे पूरी जिन्दगी वह ऐसे ही दो नावों पर सवार रहेगी, पिछली और अगली जिन्दगी के बीचों-बीच डोलती हुई। अगले कदम उसे आमंत्रित किया करेंगे। बीत चुका समय उससे वापसी की मांग करता रहेगा।

अभी तो कृतिका आगे जाएगी।

जफरपुर से जमशेदपुर, जमशेदपुर से सईनी, सईनी से डोंगापोसी।

कृति डोंगापोसी से भी आगे जाएगी।

कृतिका डोंगापोसी से आगे जरूर जाएगी।

II

सूरज चढ़ते-चढ़ते एकदम सिर पर चढ़ आया। सईनी-महामोहिमपुर-राजखरसां वा-चाईबासा को पीछे छोड़कर गुवा पैसेंजर आगे बढ़ गई थी। डोंगापोसी स्टेशन के निकट आने पर कृतिका ने देखा कि नीचे प्लेटफॉर्मनुमा जगह पर कई लोग एकसाथ इकट्ठे खड़े थे—पैंट-शर्ट, कमीज पहने लम्बे, छोटे, पतले, मोटे लोग। खाकी हाफपैंट शर्ट के ऊपर सिर पर लाल मुरेठा बाँधे काले-कलूटे, चमकदार आँखों वाले लोग। थोड़ी ही देर में कृतिका जान गई कि वे सभी लोग नए एईएन साहब की अगवानी के लिए आए थे। पीडब्ल्यूआई, आईओडब्ल्यू, बड़ा बाबू, ऑफिस स्टाफ और ट्रालीमैन।

जयंत की अगवानी का यह नजारा खासा दिलचस्प था।

लाल मुरूम वाली सड़क पर से गुजरकर छोटा-सा काफिला पीडब्ल्यूआई के ऑफिस से सटे हुए बंगले तक जा पहुँचा। एईएन के लाल बंगले की भव्य आकृति, छोटी-सी कॉलोनी के बीचों-बीच तनी हुई, दूर खड़ी पहाड़ियों की परछाइयों को मानों आसमान की ओर ठेलती हुई, बड़े शान से खड़ी थी।

सड़क से बाईं ओर मुड़ते ही पुराने एईएन मिस्टर बिश्नोई ने लकड़ी का गेट खोला—

"आइए, आइए न।"

इतने सालों में पहली बार किसी ने ऐसे स्नेह भरे मुलायम स्वर में कृतिका की अगवानी की थी। बुजुर्ग मिस्टर बिश्नोई की सहजं स्वाभाविक मुद्रा ने कृति को अभिभूत कर दिया।

सौहार्द और शालीनता के दबाव तले वहाँ खड़े सभी पेड़-पौधे समेत घर की दीवारें तक दमक उठीं, बंगले की छत की तरंगित गोलाइयाँ भी। वे सौंदर्यित क्षण कृतिका के

करीब अपनी पूर्णता में आए। उन्होंने सम्पूर्णता में उसे नजदीक से छुआ। लकड़ी के गेट के पीछे पसरा बगान, मोटे तने वाले पेड़ों से घिरी लाल माटी, बेरं और केले के पत्ते अचानक एक साथ आलोकित हो उठे।

लकड़ी के छोटे गेट से लेकर सीधी सड़क उस दूसरे बड़े वाले गेट तक चली गई थी। दाहिनी ओर बंगले और ऑफिस की इमारत कंधे से कंधा मिलाए खड़ी थी। सामने फैली जमीन के करीब मोटे वृक्षों की जड़ें थीं और फूलदार पौधों की झुकी-झुकी टहनियाँ। सभी पेड़ों के बीच मोटे खोढ़र वाला आम का पुराना शानदार वृक्ष मानो अज्ञेय की असाध्य वीणा से निकलकर आया हुआ था। कंधों पर किसी भी समय बादलों को थाम लेने वाला।

बीच की जगह में सीमेंट का चबूतरा था जिसे चारों ओर से जूही की लतरों ने घेर रखा था। कुंज वन की सरसराहटें ब्रज से उठकर उस कस्बे तक आ पहुँची थीं।

बड़े वाले गेट पर खड़े होने पर सड़क के पार नीचे बिछी पटरियों की पंक्ति दिखती। ट्रेनें सिर के बीचोंबीच बड़ी-बड़ी रोशनी की मणियाँ सजाए डोंगापोसी में प्रवेश करतीं और दाहिनी ओर बड़ाजामदा की ओर चली जातीं। पटरियों के पार स्थित पहाड़ियाँ ज्यादातर मौसमों में नीली दिखतीं। बंगले के पीछे की लंबी-चौड़ी जगह सब्जियों के मौसम के बाद के समय में मानो समुद्र के किनारे में परिवर्तित हो जाती।

सब्जी उगाने की जगह का अंतिम किनारा मैदान रूपी समुद्र के तट से जा मिलता, जहाँ अमरूद और केले के गहरे हरे पत्तों के बीच सहजन और बेर के नन्हे हरेपन की शरमाहट घुल जाया करती।

एईएन बंगला वहाँ डोंगापोसी का एकमात्र बंगला था, बड़े साहब का बड़ा बंगला। असिस्टेंट इंजीनियर वहाँ के बड़े साहब थे और पूरी कॉलोनी मानों उनकी तहसील के अन्दर थी। स्टेशन बिल्डिंग, स्कूल की बिल्डिंग, इंस्टिट्यूट की बिल्डिंग और कॉलोनी की एक-एक ईंट।

स्कूल के बड़े से मैदान में बिछी मिट्टी की लाल परत दूर से जगमगाती। वहाँ उस मैदान के एक सिरे पर खड़े होने से ऐसा लगता मानों दूसरे छोर पर दो सफेद बैलों की जोड़ी एक साथ उतरकर आएगी। सीधे आसमान से।

कृति पुराने देखे गए स्वप्न को याद करती।

बहुत पहले शरद पूर्णिमा के कुछ दिनों बाद देखे गए उस स्वप्न की अनजानी तहें स्वयं ही सूतों की मानिंद उधड़ने लगतीं। उसके अन्दर धुले पुँछे आसमान पर ललाहट लिए सुनहरे रंगों की परछाईं झिलमिलाती। उस अद्‌भुत लैंडस्केप के बीचोंबीच ठिठके खड़े श्वेत बैलों की एक जोड़ी का बिम्ब मन को आह्लादित कर जाता।

बरसों पहले देखे गए स्वप्न की गंध वर्तमान समय के ऊपर तैर आती।

कृतिका मानों दूर खड़ी होकर सभी स्वप्नों को एक साथ देखना चाहती।

नए स्वप्नों को जन्म देने की घड़ियों के बीच कृतिका बीत चुके काल को नई दृष्टि से देखती।

वहाँ डोंगापोसी में रहते-रहते मानों कृतिका बड़ी होने लगी।

इतने महीनों तक वह माँ से, भाई-बहनों से, जफरपुर से अलग कभी नहीं रही थी।

एक बड़ी दुनिया कृति अपने पीछे छोड़ आई थी। वहाँ उस दुनिया में उसका कॉलेज, उसका घर, उसकी माँ, उसके भाई-बहन और उसके मुहल्ले का परिवेश परत-दर-परत छाया हुआ था।

उन परतों के बीच खुले हुए आसमान को उसकी विशाल गोलाई में निहारने वाली निश्शंक आँखें थीं। माधवी लता की गहरी हरी पत्तियों वाली बेल थी। उन रूखी सतह वाली पत्तियों के बीच नन्ही कलियों से लदी डाल की एक-एक कली को क्षणार्द्ध के बीच खिलते हुए देखते रहने का सुख था।

इस नए संधिकाल में खड़ी कृति को वहाँ का सबसे चमकदार बिन्दु उसके अपने उम्र की परछाईं दिखती और आगे के अनजाने कालखंड उत्सुकता से लदे हुए ऊन के गोले, जिन्हें पूरी लम्बाई तक तह-तह खुलना बाकी था।

घृणा से, हिंसा से अभी उसका कोई परिचय नहीं हुआ था। कृति अपने भाग्य के इस अद्‌भुत पक्ष के बारे में सोचती।

उसे लगता कि वह भाग्यशाली है।

कृति के निकट उसका भाग्य आकर खड़ा हो जाता। कृति उसकी सतहों को ध्यान से परखती। उसकी हथेलियों पर फिसलते वर्षों का स्पर्श टकराता। बीत चुका काल, आने वाले वक्त के निकट निर्द्वन्द्व महाभाव ओढ़कर खड़ा हो जाता।

कृति सारे परिवेश को चुपचाप परखना सीख रही थी।

सुबह उठकर सबसे पहले वह दरवाजे-खिड़कियाँ खोलती, फिर पिछले बरामदे से गुजरकर किचन में जाती। देखती कि चौकीदार दूध लाया या नहीं। वह दूध को छानकर उसे उबालती।

तब तक जाधो आ जाता।

कृतिका किचन से हट जाती।

कई बार परोक्ष-अपरोक्ष रूप से जाधो कृतिका मेमसाहब को समझा चुका था कि उनका किचन में आना उसे जरा भी पसंद नहीं। इतनी छोटी-सी लड़कीनुमा मेमसाहब को जाधो थोड़ी भी तरह देना नहीं चाहता।

इस तत्त्व के समझ में आने के बाद कृति ज्यादातर किचन के बाहर ही रहती। सुबह वह बाहर बगान में चली जाती।

बाहरी बरामदे से उतरकर दाहिनी ओर की तरफ स्थित मोटे तने वाले पेड़े के नीचे, बेंत की कुर्सियाँ और गोल टेबल सजाकर सुबह-सुबह चौकीदार छुट्टी करता। कृति को सुबह की चाय वहाँ पीना पसंद था। जयंत भी उठकर वहीं आ जाते।

अंदर जाधो नाश्ता बनाता, साफ-सफाई करता, बीच-बीच में काम वाली बाई पर रौब झाड़ता—

'सब काम हम ही करेगा की? ओह!'

लेकिन उसकी आवाज की ठनक बताती कि सारा तामझाम उसके पसंद का है। अपनी मर्जी से काम करना उसकी आदत है। उसके द्वारा पूछे जाने पर माँ जी कुछ बोलें तो ठीक, वरना उनका आर्डर चलाना, टोका-टोकी करना उसे बिलकुल पसंद नहीं।

दिसम्बर की खुशनुमा सुबहें ऐसी दिनचर्या के बीच उन दिनों खास रौशन हो उठतीं, जब जयंत लाइन नहीं गए होते, कोई डिरेलमेंट नहीं हुआ रहता और सुबह के बीतने के पश्चात जयंत का ऑफिस जाना तय रहा करता। ऐसे खुशगवार दिनों में जयंत दोपहर के खाने के समय भी कृतिका के साथ होते, शाम की चाय पर भी और उसके बाद भी।

खाने के कमरे और ड्राइंगरूम की दीवार के बीचोंबीच एक सीधा दरवाजा था जो ड्राइंगरूम में फायरप्लेस के ठीक सामने रखे गए बड़े सोफे की पीठ की तरफ खुलता।

उस अकेले ड्राइंगरूम में तीन और दरवाजे थे और एक खिड़की ठीक बरामदे की तरफ, डेढ़ फुट की ऊँचाई पर। फायरप्लेस की बाईं ओर स्थित दरवाजे से बेडरूम में घुसने पर बाईं ओर बिना दरवाजे वाला ड्रेसिंगरूम था, जिसमें आँगन की तरफ वाली दीवार में पूरी लम्बी खिड़की थी। बड़े से बेडरूम के बीचोंबीच रखे गए पलंग के सिरहाने वाले डंडे में बेडलैंप का लैंप और बटन दोनों लगे हुए थे, जि े सोने के पहले जयंत बुझा देते।

कृतिका कुनमुनाती—

"अभी नहीं"

"क्यों नहीं?"

पीछे बाक्सरूम की बत्ती रातभर जलती रहती, लकड़ी के दरवाजे की दरार से रोशनी छन-छनकर आती, दीवारों के पार रात धीमे सुरों में गुनगुनाती, पूरा कमरा अपनी दीवारों समेत बीच की जगह में सिमट आता, नई अनजानी अनुभूतियाँ दबे कदमों से खिड़की के पल्ले से झाँकतीं और पूरी की पूरी अंदर आ जातीं। रागिनियों के सुर हवाओं के दामन को धीरे से छूते। उस सहलाहट से भँवरों के केन्द्रक थरथरा उठते, केन्द्रक के बीच का सारा कुछ अनजाना होता। अपरिचिति दूर खड़ी डोलती।

रात अपनी चुप-सी सरगोशियों के साथ आगे बढ़ती हुई बंगले की पूरी छत से लेकर पिछवाड़े के पौधों, बेर की फुनगियों और सामने के आम के तने तक फैल जाती और उन सभी जगहों पर संतुष्टि के वलयों की संरचना करती, साथ ही उन आत्मभ्रमित सी तहों के बीच स्वयं को सहेजती।

हवा में लुका छिपा सुरमई मौसम स्वयं को तराशता।

निश्चिंति से भरी उन रात्रियों में कृति के मन में किसी किस्म की उलझन नहीं उगती, कोई संशय नहीं उभरता।

कभी-कभी वह दीवार की चिकनी सतह के पीछे से निकलकर वहाँ दो खिड़कियों के उग आने को देखती। उसे वहाँ पीतल की गोल छड़ों वाली, लकड़ी के पल्लों वाली दो छोटी खिड़कियाँ दिख पड़तीं। सलोनी सुनहली रेशिकाओं के जाल का वातावरण पर छा जाने का गुमान होता। नाइट लैंप का नीला रंग वहाँ कामनाओं की नाईं मचल उठता।

बीतती रात चुपचाप गुजरने लगती। वहाँ छाया मौन पूरे समय निस्तब्धता के बीच बूँद-बूँद कर पिघलने लगता।

कृतिका मानों अपने बीत चुके किसी जनम को एक बार ठहरकर निहारती। एक झुरझुरी पैर के अँगूठे के नाखून से शुरू होकर पीठ और कंधों तक फैल जाती सिर के हर बाल की अंतिम नोक तक को अपने में समाहित कर लेती।

''मेरी ओर देखो।''

''ऊँ हूँ।''

कृति की आवाज संवेगों की आवाजाही के बीच लरज उठती।

हथेलियों के बीच चेहरा छिपाए हुए वह पलट जाती। पूरी पीठ और पैरों पर जयंत के बालों का खुरदरा दबाव उसे एक साथ अनंत कामनाओं और कामनाओं की अगाध तृप्ति से भर देता।

बाकी दिनों के ज्यादातर घंटों के ऊपर एक छाया जो अपना पसारा फैलाए रहती, वह थी फोन की घंटी की आवाज।

फोन कभी भी बज उठता।

फोन तो बाद में बजता, डिरेलमेंट होने पर पहले सायरन बजता। सायरन की कर्कश मैटेलिक आवाज बंगले के पूरे वातावरण पर छा जाती। वहाँ उपस्थित नौकरशाही

व्यवस्थित ढंग से अपने अलग-अलग कोनों को छलकाने लगती। एईएन, पीडब्ल्यूआई, ट्रालीमैन, ट्राली ड्राइवर सभी एक साथ मुस्तैदी से भर उठते।

यदि आधी रात में भी सायरन बजता, तब भी जयंत फौरन उठकर दस मिनट में तैयार होकर निकल पड़ते। पैंट, शर्ट, हण्टरबूट पहने, डायरी, छाता हाथ में लिये हुए, चाकचौबंद।

ऑफिस की तरफ वाले गेट से निकलकर वे नीचे खड़ी ट्राली तक जाते, ट्रालीमैन के साथ उस पर सवार हो जाते। ट्राली के स्टार्ट होने की आवाज कृतिका तक चली आती। 'फट्-फट्' करती हुई मोटर ट्राली अपने रास्ते चली जाती, कभी नोवामुंडी की तरफ, कभी चाईबासा की तरफ। कभी-कभार यह काफिला इंजन के केबिन में बैठकर भी जाता। लेकिन वे सभी साइट पर जाते जरूर।

कार्यक्रम यही रहता कि डिरेलमेंट साइट पर पहुँचकर वस्तुस्थिति की सही जानकारी कंट्रोल रूम के द्वारा सही जगह, सही व्यक्ति तक पहुँचायी जाए और जरूरी सामान मँगवाकर काम शुरू किया जाए। कभी क्रेन तो कभी स्लीपर की माँग कंट्रोल फोन पर गूँज उठती और काम के शुरुआत की सुनगुन शुरू हो जाती। जब सारा सामान साइट पर पहुँच जाता तब असली काम शुरू होता। गैंगमैन हाथ में गेंता, सब्बल लिए हुए सीधे ट्रैक पर उतर पड़ते और गिरे हुए आयरन, कोयला या स्वयं वैगन को ही हटाने में लग जाते।

ट्रैक सफाई के बाद पटरी बदलने की बारी आती।

ट्रैक फिटिंग का काम शुरू हो जाता। लाइन की दुरुस्ती हो जाने पर अगली गाड़ी या सिर्फ इंजन को उसी ट्रैक पर चला लेने के बाद ही जयंत साइट से हटते।

यह किस्सा हर महीने तकरीबन दो बार स्वयं को दुहराता। कभी अल्लसुबह, कभी भरी दुपहरिया में, तो कभी गई रात में।

बुधवार रात के दो बजे फोन की घंटी बजी थी। जयंत की नींद पहले खुली।

"यस, थ्री जीरो वन फाइव।"

मिड सेक्शन में हुए डिरेलमेंट की खबर सुन सायरन तीनं बार गरजा था।

कृतिका की नींद सायरन की तीसरी बोली पर खुली थी।

"क्या हुआ?"

जयंत बाथरूम से पैंट बनियान पहने निकल रहे थे।

"मिड सेक्शन डिरेलमेंट"

"यह मिड सेक्शन डिरेलमेंट क्या होता है?"

"दो स्टेशन के बीच पाँच लोडेड बाक्स वैगन गिर गएं हैं।"

"बाक्स वैगन क्या होता है? वह उठेगा कैसे?"

"क्रेन आएगा डिवीजन से।"

"डिवीजन मतलब...."

जयंत कमीज पहन चुके थे, वे बिस्तर के बिलकुल करीब चले आए, कृति के दोनों कंधों पर हाथ रखकर धीरे से दबाया–

"मतलब कि तुम सो जाओ मैं जा रहा हूँ, साइट पर।"

कृति की नींद उड़ चुकी थी।

उसने बिस्तर से उठकर नाइट गाऊन की डोरी कमर पर कसी।

आधी रात में ऑफिस की तरफ खुलनेवाले गेट पर खड़ी कृति ने नीचे पटरी पर खड़ी ट्राली पर जयंत को सवार होते हुए देखा। पूरा डोंगापोसी सन्नाटे की चादर तले सो रहा था, दूर खड़े पहाड़ तक नींद से भरे हुए थे। नीचे पटरियों पर फेयर मॉण्ट इंजन के बल पर ट्राली, दोनों हेड लाइट्स को चमकाते हुए फट्-फट् करती दौड़ पड़ी थी।

ऊपर आसमान में लटका हुआ अकेला चाँद था। वह अपने पीले मुखड़े से एक ऐसी आकृति को निहार रहा था, जो आधी रात सुख की नींद सोए हुए प्रिये संगी को बेवजह ड्यूटी पर जाते हुए देख रही थी।

लेकिन जयंत का इस तरह नींद से उठकर जाना बेवजह नहीं था, इन सभी बातों की वजह तो थी!

वजह देश की ब्यूरोक्रैटिक भाग्य रेखा पर खिंची हुई किसी पुराने स्काटिश बिजनेस की एक सदी पुरानी धड़कती हुई नब्ज थी, जो बी. एन. आर. की हर वजह की जड़ में थी। कृति उस नब्ज की धड़कन से परिचित न थी, यह और बात थी। लेकिन प्रशासन को तो पता था कि उसकी तर्जनी के इशारे पर एईएन की हर चाल तय है और एईएन को भी यह पता था कि आगे के प्रशासनिक जीवन की हर लकीर कहाँ से जुड़ी होती है।

कृति आधी रात में गेट पर खड़ी नीचे ट्राली की फटफटी को जाते हुए देखती रही।

अगले डिरेलमेंट ने दिवस और रात्रि की चक्रायित गति के बीच बदामपहाड़ स्टेशन से दो किलोमीटर पर अपनी जगह बनाई।

वे गर्मियों के शुरुआती दिन थे।

उन्हीं दिनों के बीच अचानक कृतिका को बुखार आ गया। एक सौ दो डिग्री।

''बदामपहाड़ में गाड़ी गिरा है, साहब गया है।''

स्टडी रूम और ड्राइंग रूम के बीच खुलने वाले दरवाजे में पर्दे के पास खड़े जाधो को उसने देखा।

बिस्तर के नजदीक जमीन पर बैठी बाई ने दुहराया—

''साहब गिआ है। हाम दो दिन से इहँई है, आपका पास।''

उस दरमियान जाधो बार-बार दवा लाता रहा था। बाई उसे दवा-पानी समय से देती रही थी, बार्ली भी।

चौथे दिन बुखार उतरने पर कृतिका बिस्तर पर उठकर बैठी। दूध मिली बार्ली पीते हुए उसने बीत चुके दिनों के हिसाब को सुना–

"आप तो बुखार में पड़ा रहा। साहब जाने समय बोला रहा आपका दवा लाने को। हाम जाकर ई बाई को भी बुला लाया।"

जाधो ने बाई के सामने ही पूरी कहानी सुना डाली–

"हाम आईओडब्ल्यू को बोला कि उसी बुड्ढी को भेजो, जो पहले का मेम साहब का बच्चा पकड़ने जाता रहा।"

"वो ऑफिस का बाबू तो बहाना करता रहा। बोलता रहा कि जानता नहीं कोन बाई। कोई दूसरा बाई को ले जाओ।"

"हाम बोला कि ले जाएगा तो बस उसी को। नाहिं भेजेगा तो सिकायत करेगा। तुमको डाँट पड़वाएगा।"

"जब डांट का बात सुना तो ई बाई को भेजा। इहाँ का लोग ऐसा ही है।"

"इहाँ सबका मन अईसा ही है, जब डाँट का बात सुनेगा तो डेराएगा, नाहीं तो बस अपना अकड़ में रहेगा।"

पूरे दौरान वह बुड्ढ़ी बाई निर्विकार बैठी रही।

"साहब कब आएंगे?"

कृति ने अपनी कमजोर आवाज की गूँज मसहरी के डंडे पर प्रतिध्वनित होते हुए सुनी।

"हाम तो बोलता है कि छै दिन लगेगा। बहुत गाड़ी गिरा है बत्तीस वैगन। आप देख लीजिएगा पाँच-छै दिन लगेगा।"

कृति सिर पीछे टिकाकर तकिए पर सरक गई।

''छह दिन।''

उस पूरे सप्ताह पूरे देश में फैली पटरियों के किनारे खड़े कई स्टेशनों पर लोडिंग का काम निर्बाध रूप से चला था। सवारी गाड़ियाँ जम्मू से लेकर कन्याकुमारी और द्वारका से डिब्रूगढ़ तक सरपट दौड़ती रही थीं।

कृति अकेले कमरे में बीमार पड़ी रही।

III

लोहे के अजगरों की चिंघाड़ से वनप्रांतर गूँज उठते। उनकी अगिनखोर लपलपाती जिह्वा टनों कोयलों को भस्म कर डालती। इंजन बीच के स्टेशनों पर रुक कर सिंडर गिरा देते और आगे बढ़ जाते।

जब जयंत को रात में वापस नहीं आना रहता, डिरेलमेंट साइट पर या ट्राली करने वाले सेक्शन में रुकना रहता तो कृति अपने डर को छुपाने की कोशिश करती। वह रात भर पढ़ती। सोने के पहले एक-एक दरवाजे को बन्द करती। सबसे अंत में बेडरूम के दरवाजे की सिटकिनी अन्दर से चढ़ाती—डेढ़ फुट लम्बी सिटकिनी मक्खन जैसी चिकनाई में लिपटी झट से ऊपर नीचे हो जाती। पलंग के नीचे झाँककर वह देखती। कहीं कोई छिपा बैठा न हो। तब वह बिस्तर पर बैठकर पढ़ना शुरू करती कभी उपन्यास तो कभी कहानियाँ। पढ़ते-पढ़ते अंत में नींद आ जाती। बत्ती रात भर जलती रहती।

जयंत बाद में उसे चेताते—

''रात भर बत्ती जलती देखकर तो लोग आसानी से अनुमान लगा लेंगे कि साहब तो लाइन गए।''

लेकिन फिर भी बत्ती रात भर जलती।

अकेली सुबहों को कृति किताबों से भर देती। नए उपन्यासों, किस्म-किस्म की कथा-कहानियों में डूबी सुबहों का आकर्षण बरामदे से लेकर लॉन तक फैल जाता। कृति ने फिर से 'आँगन के पार द्वार' और 'तार सप्तक' की कविताएँ पढ़ीं...।

ऊँची छत के बीचोंबीच दर्ज बत्ती की नाभि के प्रथम बिन्दु की सिहरन को कृतिका ध्यान से देखती। लम्बे तार से लटका हुआ गोल बल्ब। सफेद बल्ब को चारों ओर से घेरे हुए लैंपशेड की नाजुक शीशे वाली पंखुड़ियाँ लय के साथ हिलने-डुलने पर खुलने बंद

होने का भ्रम उत्पन्न करतीं। शीशे का लैंपशेड दाएँ-बाएँ निश्चित मुद्रा में हिलता, खामोशी से किरणों के दम्भ को पैना करता हुआ, उन्हें तह-तह सजाता हुआ। गोलाई में सजी रोशनी की किरणें अपने स्वयं के वलय रचकर उनके भीतर गुम हो जातीं।

अपने बैच के टॉपर जयंत एक कर्मठ टैक्नोक्रेट में तब्दील हो रहे थे। बिना इस बात के भविष्य को टटोले कि रेलवे के बीचोंबीच स्थित सोशियो-इकॉनॉमिक संरचना एक सिविल इंजीनियर को मात्र एक कर्मठ इंजीनियर नहीं देखना चाहती, वह उसे एक काइयाँ और निर्मम प्रशासक के रूप में भी ढालना चाहती है।

लेकिन जयंत की आदत जागरूकताओं के साथ रहने की नहीं थी। वे निहायत संरक्षित वातावरण में पले हुए व्यक्ति थे। दादा-दादी, नाना-नानी, चाचा-बुआ, फूफा, मामा, मौसी वाले बृहद् परिवार के सदस्य, शांत बुद्धि वाले जयंत के संस्कार उन्हें अच्छाई की ओर उन्मुख रखा करते, उन्हें भलाई करने वाले कामों को करने के लिए उकसाया करते।

जयंत अपने स्वभाव के अनुसार काम करते, घंटों वे साइट पर खड़े रहते, धूप-बारिश झेलते हुए रात-दिन एक कर देते।

इस पक्ष की ओर उनका बिलकुल ध्यान नहीं जाता कि घर, परिवार, शौक सब कुछ भुलाकर जो वे अपनी सारी कर्मठता रेलवे के लिए उत्सर्जित कर देना चाहते हैं, यह बात उनके अन्य सहयोगियों को बिना कारण उनसे ओछा बना डालती है और रेल की दुनिया में जब-जब यह वृत्त जिस-जिस अफसर ने रचा, बगल की लकीर को अपनी कार्यकुशलता, अपने उसूलों के बल पर छोटा होने दिया, उसे बाकी लोगों ने कभी माफ नहीं किया।

ये बातें, सभी बातें छोटे-छोटे बगुलों की शक्ल में पहले डिवीजन तक जा पहुँचतीं—

''पता है यार ये नया बन्दा तो कमाल कर रहा है। छह घंटों में आधा किलोमीटर ट्रैक फिट करवा दिया।''

''घिसने दो। अभी नया आया है न। एडमिनिस्ट्रेशन की नब्जों का पता नहीं उसे। झटका लगेगा तो समझ जाएगा।''

''वहाँ हेडक्वार्टर में अपना गुप्ता बैठा है न, किसी दिन सिखा देगा।''

छोटी-बड़ी बातें अफवाहों की शक्ल में हेडक्वार्टर जा पहुँचतीं। वहाँ सभी की तो नहीं लेकिन किसी-किसी की शांति बेतरह भंग हो जाती। सुकून में लिपटे डिप्टी बेचैन होने लगते। फिर सरगोशियों का सिलसिला शुरू होता और पाँच-दस साल में सच में नए बंदे को झटका लगा दिया जाता। यह झटका उसकी कॉन्फीडेन्सियल रिपोर्ट या प्रमोशन पोस्टिंग पर काले धब्बे की शक्ल में उभर आता।

तथाकथित इंटेलिजेंट नए बन्दे के द्वारा आगे की ओर बढ़ाए गए दस कदमों के बदले, उसे प्रयासपूर्वक पन्द्रह कदम पीछे खींच लिया जाता।

पुराने सीनियर व्यक्ति बताते कि पहले ऐसा नहीं था। पहले के समय में ऐसा नहीं होता था। कई जीएम और सीआरबी ऐसे भी हुए हैं जिन्होंने अपने चीफ रहने के दौरान स्वयं साइट पर खड़े होकर काम होते हुए देखा है, उनका कैरेज दसियों दिनों तक रूपनारायण नदी के नजदीक के स्टेशन पर खड़ा रहा है। उन्होंने हर रोज ट्राली भेजकर सभी काम करने वालों का समाचार जानना चाहा है, काम की प्रगति देखने के दौरान वे चप्पल पहनकर कई किलोमीटर पैदल चले हैं।

उस समय 'दूध का दूध, पानी का पानी' होता था। ऐसी ही प्रथा थी।

लेकिन अब ऐसा नहीं है। अब बात बदल रही थी। एक नए ढंग का वणिक कल्चर रेल की दुनिया में प्रवेश कर रहा था। और वहाँ के नियम अलग थे। दूध में कुछ बूँदें जहर मिलाने की प्रथा अपने पंख पसार रही थी। एक अलग किस्म की काली सुबहों का सिलसिला शुरू हो रहा था, जिनमें चमचमाता सूरज कभी नहीं उगने वाला था।

और उन सुबहों के पीछे लम्बे अँधेरों का साया गहरा रहा था।

इन सच्चाइयों पर बिना विचार किए जयंत आगे बढ़ने के प्रयत्न में लगे थे। उनके उसूल उनके स्वयं के थे। वे रेलसमाज से प्रभावित नहीं थे। यह अनजानापन उन्हें किस मोड़ पर पहुँचाएगा इस बात से अनजान जयंत सिर्फ कर्मयोग के बल पर ऊँचाइयों को छू लेना चाहते थे।

कृतिका इस बारे में सोचती।

इन सब के बीच कभी-कभी कृति को जफरपुर की व्यवस्थित दिनचर्या की याद आती। समय पर सुबह उठना, समय पर स्कूल जाना, समय पर खाना, समय पर सोना।

बचपन में चारों छोटे भाई-बहन सुबह हाथ-मुँह धोकर पढ़ने बैठ जाते।

अपने बचपन में सुबह की लाल धूप में भाई-बहनों के साथ कृतिका पढ़ने जरूर बैठती, लेकिन वह पढ़ती कहाँ थी उतनी देर। कांड़ा की कलम की नोक को स्याही में डुबा-डुबाकर बार-बार लिखती रहती 'राम घर आता है।' पूरी सुबह वह यही करती रहती। अगल-बगल अपनी कुर्सियों पर बैठे चुनमुन भाई, मझली दीदी और छोटू भाई की पढ़ाई का दबदबा पूरे बरामदे में छाया रहता। कृति उस दबदबे के बीच दुबकी बैठी अपना बस्ता खोलती, किताबें कॉपियाँ जमा कर रखती। लिखना लिखती, पहाड़ा याद करती। बार-बार।

अनेकानेक सुबहों में पढ़ाई का यही क्रम दुहराया जाता। नियत समय पर पढ़ने की टेबल कुर्सी पर बैठने के नियम के साथ-साथ दिन में तीन बार दूध पीने का नियम भी कृति के लिए था। सुबह, स्कूल से लौटने पर और रात में सोते समय।

यह नियम कृति की पसंद का नियम था।

जफरपुर के अपने उस बड़े घर में सालों-साल एक ही तरह के नियमों के बीच पली-बढ़ी कृतिका, अब इतनी दूर बैठकर घर के बारे में सोचती। घर की विशाल इमारत, लाल रंग और सफेद जालीदार नक्काशी के बारे में सोचती।

यहाँ इतनी दूर बैठकर देखने पर वह घर कृति को महल जैसा दिखता। गोल-गोल मोटे खंभों से घिरा बरामदा और चौकोर आँगन में तुलसी चौरा। लंबे बरामदे के बीचोंबीच की गोलाकार संरचना, जिसे गोलम्बर कहा जाता। और सभी संरचनाओं को सजाती-सँवारती पोर्टिको के ऊपर लगी जालीदार नक्काशी। ऊपर गोल रेलिंग की ऊपरी तह पर दोनों हथेलियाँ टिकाए कृति ने कितनी-कितनी शामें दूर बस स्टैंड और मोहल्ले की आवाजाही को देखते हुए बिता दी थीं।

वहाँ उस घर में हर शाम नाश्ता बनता, नाश्ते की फरमाइश की जाती। नाश्ते का इंतजार किया जाता, कभी नाश्ता घट जाए तो हंगामा भी मचा करता। नाश्ते से सबसे करीबी रिश्ता जेठू भाई का रहता। उन्हें तरह-तरह के व्यंजन चाहिए थे—मूढ़ी-बादाम, चना-घुघनी, पकौड़े, चिवड़ा, हलवा और पता नहीं क्या-क्या।

पंडित जी चार-पाँच बजे नाश्ता बनाकर तश्तरियों में निकालते और नौकर को आवाज लगाते—

"ले जा रे रमुआ। पहिले जेठू बउआ के नाश्ता दे आ।"

माँ बाबूजी की बड़ी संतान जेठू भाई शायद बूढ़े होने पर भी नौकर दाइयों की जुबान पर बउआ बनकर ही चढ़े रहेंगे।

पुकार के नाम के इस रहस्य को कृति ने बचपन में ही जान लिया था—

'बड़ बेटा के नाम कहीं मतारी-बाप पुकारलई ह? न्न!"

मामी ने कृति को बताया था।

निःसंतान मामा-मामी कृति से अपने बच्चे जैसा स्नेह करते। मामी उसे समय-समय पर अनगिनत रहस्यों से वाकिफ करातीं। वे कृति की कंघी-चोटी कर देतीं, उसे अपने साथ दुपहरिया में औरतों की मंडली में घुमाने भी ले जातीं। माँ के साथ रहने पर भी कृति मामी की ही जिम्मेवारी होती।

बचपन से कॉलेज तक घर में रहते हुए कृति ने कभी देखा ही न था कि दुपहर का खाना शाम के पाँच बजे खाया जाए। लेकिन जयंत जिस दिन ट्राली करने जाते उस दिन इंस्पेक्शन में काफी समय लगता और वे ज्यादातर दुपहरिया के बाद लौटते, तभी खाना खाते। कृति ऐसे दिनों में उनका इंतजार करती, भूखी बैठी रहती। जब जयंत दो-दो दिनों के लिए लाइन जाते, तब भी कृति अपने लिए खाना नहीं बनाती। एक व्यक्ति के लिए, वह भी अपने लिए खाना बनाते हुए कृति को अजीब-सा लगता। वह फल खा लेती, ब्रेड या दूध ले लेती।

जाधो कृति की इन हरकतों को सख्त नापसंद करता। उसकी समझ में साहब की ड्यूटी ही ऐसी थी, तो माँजी इतनी बार भूखी क्यों रहा करे। वह माँजी को व्यावहारिक सच्चाइयों से परिचित कराने की कोशिश करता—

"पहले का माँजी तो खा लेता रहा। आप भी खा लीजिए।"

"ऐसा भूखे रहने से तो बीमार पड़ जाएगा।"

फिर भी कृति नहीं खाती। इन बिंदुओं पर वह अपने सिद्धांतों पर कायम रहती। उन्हें बिखरने नहीं देती।

"आप खाना खा लीजिए।"

कृति ने सर उठाकर जाधो को देखा। दरवाजे से टिककर खड़ा दुबला-पतला जाधो हाफपैंट, शर्ट पहने एक नजर में छोटा नजर आता। लेकिन सिर के बीचोंबीच स्थित गोल चाँद चमक कर उसकी उम्र को मानों बता देता। दो बड़े बच्चों के पिता जाधो की नौकरी बीस साल पुरानी थी।

रेलवे का पुराना मुलाजिम। एईएन का मुँहलगा ट्रालीमैन, जो वास्तव में खानसामा ही है। खाना पकाने के सारे गुणों के साथ-साथ घर सँभालने के पूरे गुण अपने अंदर कायदे से सँभाले हुए। कई बार वह मन ही मन जाधो के बड़बोलेपन पर झल्लाती, फिर उसकी वात्सल्यपूर्ण मुस्कराहट देखकर अपने ऊपर ही झेंप हो आती।

कृति झेंप जाती।

"ःसाहब तो अभी तीन दिन आएगा नहीं। आप क्यों खाना-पीना छोड़कर बैठा है?"

फिर से गुस्से की एक कौंध कृति के मस्तिष्क की ओर लपकती, हमेशा ऐसे ही उल्टी बात बोलेगा।

कभी बोलेगा—

"इस बार साहब तीन दिन पर लौटेगा।"

कभी—"इस बार दो दिन पर साहब आएगा।"

और कभी-कभी कहेगा "इस बार पाँच दिन से कम नहीं लगेगा।"

मानो डिरेलमेंट होने के पहले वैगन इंजन सभी इसे खबर करते हैं, फिर सेक्शन में जाकर गिर पड़ते हैं।

''बांसपानी सेक्शन में सिंगल लाइन है। वहाँ भरा हुआ गाड़ी गिरा है तो क्या साहब राते में लौट आएगा? कब्भी नाहीं। अभी तो क्रेन जाएगा, गाड़ी उठाएगा, सफाई होगा, नया लाइन फिट करेगा। हाम जानता है साहब तीन दिन से पहले नहीं लौटेगा।''

कृति यह सारा लेखा-जोखा सुनकर मानों हार जाती।

''ठीक है, खाना रख दो। बाद में खा लूँगी। तुम जाओ।''

टेबल के नीचे पड़े खाली गिलास को उठाते-उठाते वह ठिठकता–

''दूध देगा क्या?''

''हाँ।''

जाधो की आकृति ड्राइंगरूम के दरवाजे में घुसती, साइड वाली तिरछी खिड़की को पार करती और पिछले बरामदे की ओर चली जाती, किचन में। वह कुर्सी की पुश्त से टेक लगाकर सिर टिका लेती।

ठीक ही तो कहता है जाधो। इतना पुराना ट्रालीमैन है, इसे पूरे सेक्शन के इंच-इंच की खबर है। राजखरसांवा से लेकर बरबील तक की लाइन का, चाईबासा से लेकर बांसपानी तक की लाइन का। हर बार जितने दिन में जयन्त के लौटने की बात यह बताता है ठीक उतने ही दिन में तो लौटते हैं जयन्त। कभी दो-चार घंटे पहले, कभी बाद में।

दूध का गिलास टेबल पर रखते हुए जाधो मानो धमकी देता–

''खाना खा लीजिएगा। हम जाता है, सात बजे के ऊपर हाम नहीं रुकेगा। घर में भी तो काम है। चौकीदार के आते ही हाम चला जाएगा।''

''अच्छा पीछे के दरवाजे में ताला मार देना।''

अंदर जाते-जाते वह फिर मुड़ता–

''खाना नहीं खाना हो तो कल से पहले ही बता दीजिएगा, फेंकने के लिए नहीं बनाएगा।''

कृति को अचानक जफरपुर की, घर की, खाना बनाने वाले पंडित जी की याद एक साथ घेर लेती–

"अपने लोग के खाए के बा, त, खाईं, न त हम जात बानीं मलकीनी जी के बोले।"

पंडित जी की फटकार सुनते ही चुनमुन भाई और कृति दोनों पराग पढ़ना छोड़कर जल्दी-जल्दी रोटी से कौर तोड़ने लगते।

पंडित जी अपनी लम्बी टाँगों के बल पर जल्दी से दूसरी रोटी ले आता, फिर तीसरी। घर में पूरे सात लोग थे, ऊपर से एक दाई, नौकर और पंडित स्वयं। सिर्फ शाम का नाश्ता कभी-कभार भाभी या दीदी बनातीं, बाकी सुबह से लेकर रात तक का सारा कुछ पकाने का काम पंडित के जिम्मे रहता और रमुआ नौकर बतौर हेल्पर। वह सब्जी काटता, आटा गूँधता, बर्तन धोता। ऐसे में पंडित जी की इच्छा रहती कि सभी लोग समय पर खा लिया करें ताकि वह जल्दी किचन बंद करे और छुट्टी करे।

लेकिन घर के पंडित जी और ट्रालीमैन जाधो में फर्क था। यह फर्क कृति को ठीक से समझ में नहीं आता। वह सुबह उठकर बेडरूम के दरवाजे खोल देती कि कहीं ट्रालीमैन बेडरूम के बंद दरवाजे को न देख ले। यह करते हुए शायद मौसी की पुरानी हिदायत उसके अचेतन मन पर छाई रहती–

"ससुराल में सुबह-सुबह दरवाजा खोल देना, कोई सोए पड़े नहीं देखे।"

शादी के समय दी गई सतर्क सीख।

यहाँ जयन्त के साथ उनकी पोस्टिंग पर आकर भी कृति तो वही थी, उसके उसूल वही पुराने थे। सो वह पुराने नियमों का पालन शौक से करती।

मिलने-जुलने के दौरान अन्य अफसरों की पत्नियों से मिलने पर नए रहस्य खुलते। मिसेज चोपड़ा कृति के नियम को जानकर बेतहाशा हँस पड़ी थी–

"अरे वह ट्रालीमैन है, घर का नौकर नहीं। मेरा ट्रालीमैन तो बेडरूम में चाय दे जाता है, हम लोग तो वहीं बिस्तरे में बैठे चाय पीते हैं। कभी-कभी रात का खाना भी।"

कृति का मन सवालों से घिर जाता—बिस्तर पर नाइटी पहने बैठे चाय पीना? और वह भी बड़ी उम्र के व्यक्ति के द्वारा लाई गई चाय?

ये कैसे नियम हैं?

कृति इन नियमों का पालन नहीं कर पाती।

वह सुबह की चाय ज्यादातर लॉन में ही पीती।

IV

सुबहें कृतिका के लिए एक तरह का पैगाम लेकर आतीं, हर बार कोई नया अलग-सा पैगाम। कई सुबहें, जो अकेली कही जानेवाली सुबहें होतीं उनमें उसकी नींद खुलती तो पूरे कमरे तो क्या, पूरे घर में कोई न होता, जुड़े हुए पाँच-छः बड़े कमरों वाले बंगले की सभी दीवारों के बीच वह अकेली होती।

कई बार ऐसी अकेली सुबहों के आने के पहले वाले घंटों में कृति की आँखें अपने आप खुल जातीं। उस समय भोर का धुँधलका भी न छँटा होता। रात्रि के बीतते पगों को महसूसती वह सोने के कमरे से निकलकर बगल के कमरे में आ खड़ी होती, दाहिनी ओर की दीवार के माथे पर टिके अधखुले रोशनदान के पार नीम के पेड़ की फुनगी हिलती हुई दीख पड़ती। कृतिका बीच के कमरे से गुजरकर ड्राइंगरूम में आ जाती।

रात के बीत रहे प्रहर के साक्षी रूप में स्थित सजे-धजे उस भव्य कमरे की आकृति उसे मोह लेती—सोफे पर मढ़ी हुई लाल मखमली किरण कश्मीरी कालीन के लाल बूटों से जा टकराती। पर्दों की सुनहली ताब में लिपटीं टेपेस्ट्री की मोटी सलवटें बड़े शालीन ढंग से कंधों को झुकाए खड़ी दीखतीं।

कमरे की गंध में लिपटा मौन आगे बढ़कर कृतिका को चारों ओर से घेर लेता, वह सजाए गए गमलों में पौधों और एक-एक सजावटी आइटम पर नजरें फिराती, मुग्धता का यह आलम आनेवाली भोर की अगवानी करता हुआ प्रतीत होता। तभी खाने वाले कमरे को अलग करनेवाले पार्टीशन पर लगे लेस के पर्दों की मोतिया ताब, हवा की लहर पर पिछले बरामदे से आनेवाली सुथरी हवा की गंध के संग सभी कमरों के रोशनदानों तक फैल जाती।

कृतिका का मौन उसके नाइटी के झालर तले सिमट जाता और वह बाहरी दरवाजे के दुहरेपन को एक-एक करके खोल डालती। मध्य में लगे लैच को वह पहले हटाती,

फिर लम्बी चिटखनी को बाईं ओर से घुमाकर सीधा करती और नीचे लाकर छोड़ देती।

दरवाजे की पहली तह बीचोंबीच से खुल पड़ती। जालीदार दरवाजे के पल्ले बाहर बरामदे की ओर खुलते।

कृति स्वयं को दरवाजों के दुहरेपन के बीच से होकर बाहर निकलते हुए देखती। बाहर निकलते ही लाल फर्शवाला गोलाई में घूमा हुआ बरामदा मानों चौंक पड़ता। गेट के करीब सोया हुआ चौकीदार हड़बड़ाकर उठ खड़ा होता, लाठी हाथ में पकड़ लेता। भोर का धुँधलका आगे बढ़कर चुप की चादर तले सिमटे बरामदे पर फैल जाता।

नीचे पोर्टिको के चौकोर खम्भों के बीच अँधेरा लुका-छिपा-सा खड़ा रहता। दिन में देखे गये लैंडस्केप पर छाई हुई पारदर्शी रहस्यमयता को कृति मुग्ध होकर निहारती। वह बरामदे की सीढ़ियाँ उतरकर पोर्टिको के सीमेंटी फर्श पर जा खड़ी होती और वहाँ से आगे बढ़कर बाग की ओर उन्मुख अर्द्धवृत्ताकार चबूतरे पर। तभी हवा के हल्के झोंके से सफेद बोगनवेलिया की पुष्पित डाल उसके कंधों तक झुक आने की कोशिश करती, मुस्कराहट की परत नरमी से उसको छू लेती।

वह फेंसिंग के पार हीलियम की रोशनी में चमकती सड़क की चिकनी पीठ पर छाए सन्नाटे को देखती। सड़क का अलस निद्रित भाव उसे मोह लेता।

कृति के अन्दर वातावरण की निस्तब्धता अपने को उँड़ेल देती। वहाँ शून्यता नहीं दीखती बस निस्तब्धता उन क्षणों में उसके करीब आ जाती, भोर के वे क्षण अचानक स्वर्गिक सुख से भर उठते, भोर होने के ठीक पहले। कृतिका को नैनीताल में भोरकुवा तारे के उगने के पहले देखे गए पहाड़ों की याद आती। उन्नत हरियाले शिखरों के झिलमिलाते बिम्ब और दाहिनी ओर दूरी पर खड़ा नैना देवी का मंदिर।

कई सुबहों में कृति सैर के लिए निकल जाती। वह ज्यादातर ढलान के सिरे पर स्थित सामनेवाली सड़क पर खिलती भोर के संग चलना पसंद करती। बाएँ मुड़ते ही दृश्य के अंदर चर्च की बिल्डिंग को अनदेखा करता हुआ एक स्वरूप बोध आ पैठता। सीधी दीखती सड़क आगे बढ़ती-बढ़ती मानो उगते सूर्य के चरणों तक जा झुकती। नीम की पत्तियों के झुरमुट के पीछे कौंधती सद्यःजात रश्मियाँ वृत्ताकार सुनहलेपन को रचतीं। सहज आलोक से दर्पित सूर्य बड़े से थाल के रूप में क्षण-क्षण ऊपर चढ़ता। कृति को पता रहता कि सुनहली रश्मियों की यह कौंधन, पत्तियों के बीच से उनका सीधी रेखा

में पल-पल छिटकना, सूर्य के थाल की नर्म भंगिमा, बस कुछ देर को रहनेवाली है, फिर यह सारा कुछ लुप्त हो जाएगा, आम दिनों की तरह का एक दिवस परवान चढ़ेगा, जिसमें दूर आसमान की छाती पर सूर्य होगा, पेड़ों के झुंड चर्च के अहाते में मौन आवरण तले सिमटे हुए शांत दीखेंगे।

सुबहें हर सुबह बीत जाया करतीं। उन्हीं में से कुछ सुबहों में थोड़े समय के लिए कृति किसी दिन भोर के रू-ब-रू होती। वह सूर्य के अंदर झाँकने की चेष्टा करती, उस पिघले हुए सुवर्ण के वर्ण के पुरुष को देख पाने की चेष्टा करती जिसकी आँखों के बारे में गोपनीय कथ्य कहा जाता कि उनका रंग लाल कमल के पुष्प-सा है।

उसकी इच्छा होती कि वह वहीं उसी लंबी सड़क के पैरों के शुरुआती लम्हों पर टिककर खड़ी हो जाए। बीचोंबीच दोनों हथेलियों को प्रणाम की मुद्रा में जोड़कर छाती के मध्य में टिका ले, दृष्टि के एक भाग को हृदय के मध्यतम बिंदु पर रखे और दूसरे भाग को सूर्य के केंद्र पर। अपनी उस मुद्रा को वहीं चिकनी सड़क के बीचोंबीच खड़ी छोड़ कृतिका सुबह की सैर से लौट आती। ऐसे में उसके हृदय के अंदर बलवती इच्छा जनम लेती कि उसका अपना एक ऐसा घर हो, जहाँ के अहाते के बीचोंबीच कम से कम इतनी ही लंबी सड़क हो जितनी लंबी, गेट के बाहर है। वहाँ उस सड़क के बीचोंबीच वह उपासना मुद्रा में खड़ी रह सके, जब तक जी चाहे।

कृति अपने अंदर सूर्य के सामने खड़े होकर प्रार्थना कर पाने, प्रार्थना में डूब जाने की इच्छा को आकार लेते हुए देखती। उसके अन्तःकरण में निजी स्वप्नों का संसार जन्म लेता। उन स्वप्नों के बीच स्थित कल्पना में उसके अपने घर के पिछवाड़े के अहाते के पार अठखेलियाँ करता समुद्र हुआ करता। नीली छाती और श्वेत फेनिल लहरों के मुकुटों वाला समुद्र। कभी न थकने वाला समुद्र। उसके स्वप्नों में, सपनों का समुद्र रहा करता। कृति स्वप्नों के संसार के बीच आगे बढ़ना पसंद करती।

यह उसकी, सिर्फ उसकी दुनिया थी जहाँ उसके सिवा किसी भी और का प्रवेश निषेध था।

अन्य पहाड़-पहाड़ियों के बीच स्थित किसी भी घाटी में गिरने वाली बारिश की तरह डोंगापोसी में भी बारिश बड़े वेग से गिरती।

अपने प्रिय मौसम को बिना किसी खास रुटीन के बंधन में पड़े हुए खुलकर

भोगना कृति के मन की अंदरूनी तहों में ताजगी के अनन्य बहाव की लहरें उकेर देता। वह बरामदे की सारी खिड़कियाँ खोल डालती और ठीक बीच में ईजी चेयर लेकर बैठ जाती।

लम्हे, पल, मिनट, घंटे बीत जाते। वह बेसुध-सी बारिश को गिरते हुए देखती। मन का हर तह तरावटों के बीच गीलेपन की सलोनी सिहरनों को महसूसता। पपोटे अकारण भारी हो उठते। सुख की, तृप्ति की महक उसके पूरे वजूद में फैल जाती।

वह दोनों बाँहें उठाकर सर के पीछे मोड़कर रख लेती। जुड़ी हुई, खुली हथेलियों पर सर को टिकाकर दूर बहुत दूर आसमान के बीचोंबीच देखती।

उसके जेहन में अन्तोनियोनी की फिल्मों का आकाश आकारित हो उठता, वह अन्तोनियोनी के कैमरा संचालन पर अपनी याददाश्त के बीच मर मिटती। कृति बारिश की बूँदों को लंबी लकीर जैसी गिरनेवाली धारों को और झिस्सी उड़ाती फुहारों से निर्मित तह को देखती। वह अपने मन प्राणों को इन लम्हों में सींच डालती। कभी-कभी वह उतरकर नीचे चली जाती, खुले आसमान से गिरती बूँदों को हथेली में जमा करती और उन्हें पी जाती।

सपाट उज्ज्वलता से लबालब भरा हुआ ताजगी के वलय सिरजने वाला अमृत स्वाद।

ऐसे में उसकी इच्छा होती वह दोनों बाँहों को ऊपर आसमान की ओर तानकर स्वयं को, देह को, मन को, प्राण को एक साथ एकबारगी महसूस करे।

विक्टरी के संकेत चिह्न 'वी' को अपने और आकाश के बीचोंबीच निर्मित कर दे।

वह देखती कि पृथ्वी की त्रिज्या, व्यास और केन्द्रक को सीधी मिलाने वाली, आकाश की ओर उदग्र उठी हुई रेखा के संधि बिंदु पर खड़ी होकर वह स्वयं विक्टरी का संकेत चिह्न बन गई है।

तृप्ति के क्षणों के बाद उगी हुई मुद्राओं की भंगिमा वहाँ भीगी हुई हवाओं के ऊपर उभर आती।

तने हुए पैरों और उठी हुई बाँहों से मिलजुलकर बनी हुई आकृतियों के बिम्ब वहाँ आसपास गडमड होने लगते–

"यहाँ! इधर, देखो।"

जयंत की भर्राई हुई कामना खचित आवाज की गूँज की याद और उस गूँज से उठी ध्वनि की चाप सन्नाटे की परत के ऊपर समान रूप से फैली हुई दिखतीं। कृति की नसों में कौंधता जादू आगे बढ़कर मानों पूरे वायुमंडल को अपने आगोश में ले लेता।

कृति के मन को डाँवाडोल छोड़कर बारिश अपनी बूँदों, बादलों और झकोरों समेत कुछ समय बाद अंतर्धान हो जाती। उन लैंडस्केपों के बीच कृति ठगी-सी खड़ी रह जाया करती।

मुस्कराती हुई मुद्राएँ आगे के घंटों में देर तक कृति के साथ चलतीं।

"बारिश के दिन में पुल का इंस्पेक्शन करने नहीं जाना चाहिए। आप साहब को बता दीजिए।"

डस्टिंग के दौरान जाधो का हाथ चलता, साथ-साथ मुँह भी। वह लगातार खबरें, जानकारियाँ देता जाता, कुछ न कुछ सुनाता ही जाता।

माँजी सुनना चाहती हैं या नहीं इस बात से जाधो का कोई मतलब नहीं रहता।

ज्यादातर तो कृतिका जाधो की ऐसी-ऐसी बतकहियों को ठीक से सुनती ही नहीं। वह पढ़ती रहती, सोफे के बैककवर को ठीक से रखती होती या शो पीसेज, फोटोफ्रेम को कायदे से सजा-सजाकर रखती। कभी पत्र लिखती रहती या फिर कुछ और सोचती बैठी रहती। बीच-बीच में हाँ हूँ कर देती।

साधारण बात होती तो कोई बात नहीं, लेकिन बात अगर किसी जरूरी पक्ष से संबंधित रहती, तो जाधो चिढ़ जाता–

"अभी बताने की बता देता है, बाद में हाम फिर नहीं बताएगा। हाँ।"

पुल इंस्पेक्शन की बात के बारे में भी कृति को पूछना पड़ा—

"क्यों? बारिश में क्यों नहीं करना चाहिए पुल इंस्पेक्शन?"

जाधो की बतकही को मानों थोड़ी-सी चौरस जमीन मिली, जहाँ वह अगले दस-बीस मिनटों तक आलथी-पालथी मारकर कथावाचक बना रह सकता है। बात के लंबे-लंबे सूत्रों के एक सिरे को पकड़कर अपने हिसाब से उन्हें ढील या छूट दे सकता है। उसने मानों किस्से के शुरुआती पक्ष को छुआ—

"बहुत साल नहीं हुआ फिर भी कितना ही दिन हो गिआ। सीकेपी डिवीजन में नया डीएन आया रहा—साइवाल।"

जाधो शैवाल नाम के डिवीजनल इंजीनियर की बात बताने जा रहा था।

"साइवाल साहब अइसा साहब रहा कि कभी, किसी भी समय उठकर इंस्पेक्शन में चला जाता। कभी सुबह चार बजे, कभी रात के ग्यारह बजे। उसका ट्राली वाला सब बताता रहा कि अचानक साहब बोलेगा ट्राली ड्राइवर को बुलाओ, ट्राली निकालो और निकल जाएगा। कभी लोटापहाड़, कभी गोईलकेरा, जहाँ मर्जी हो वहीं चला जाएगा। पीडब्ल्यूआई, मेट, गैंगवाला सबको परिसान करता रहा।"

"असल में माँ जी अइसा रहा कि..."

जाधो की आवाज कुछ इस तरह धीमी हुई कि कृतिका का मन जिज्ञासा से भर उठा।

"क्या बात थी बताओ।"

"बताता है, बताता है। अब हम तो जानता नहीं लेकिन बाकी सब कहता रहा कि बाद में एक बार अईसा हुआ कि..."

जाधो ने वाक्य को रहस्यमय ढंग से खुला छोड़ दिया।

कृति अचानक आशंकित हो उठी—

"उसके बाद में क्या? क्या हुआ शैवाल साहब को।"

"वही, वही तो बताता है, सुनिए तो।"

अब जाकर जाधो के हाथ में उत्सुक आशंकित श्रोता के मन का सूत्र पकड़ाया था। इस समय को क्या वह ऐसे ही बीत जाने देगा? वह तो अपना समय लेगा, आवाज के उतार-चढ़ाव को तौलेगा, उन चढ़ाई और घाटियों पर नाप-नापकर कदम रखेगा।

कृतिका ने तय कर लिया कि बस इस बार भर। अब आगे से न तो वह जाधो के वाग्जाल में फँसेगी, न ही उसके द्वारा कही गई एक भी बात का विश्वास करेगी।

"छोड़िये आपका मन नहीं है तो बाद में बोलेगा।"

माँजी को चुप देखकर जाधो ने अगला पैंतरा बदला।

कृति की इच्छा हुई कि अगर यह अपने घर जफरपुर का टेलवा नौकर रमुआ होता, तो ऐसी बात पर दीदी उसे एक थप्पड़ कसकर लगातीं।

"बताओ, मैं सुन रही हूँ।"

कृति ने मेम साहब का कवच अपने व्यक्तित्व के चारों ओर चढ़ा लिया।

अपनी ठंडी, शांत आवाज के पीछे उत्सुकता के बिम्बों को दब जाने दिया।

"असल में असली बात क्या रहा कि उस साइवाल साहब का मेम साहब उहाँ दिल्ली में नौकरी करता रहा। सादी के बाद इहाँ साहब के साथ आया तो साहब हर समय ड्यूटी में। मेमसाहब का दिल नहीं लगता रहा। झगड़ा भी हुआ। बाद में मेमसाहब बोला कि एतना छोटा जगह में उ रहेगा नहीं। बस उसी के बाद से साहब बेचैन हो गिआ। कोई तो चाहिए साथ में बातचीत करने को।"

जाधो ने आखिर बात पूरी की—

"मेमसाहब के जाने के बाद साहब तो बस हर दिन लाइन जाता रहा, स्टाफ को तंग करता रहा। खुद भी आराम नहीं करता रहा, न स्टाफ को चैन लेने देता रहा। और

बस पुल इंस्पेक्शन के समय गिर गिआ।''

''क्या ऽ ऽ ऽ!''

कृति के मन में मनोहरपुर, राउरकेला जाने वाली लाइन उभरने लगी। हरे-भरे पहाड़। छोटी-बड़ी नदियाँ। देवसाल मंदिर के निकट स्थिति पोसईटा की दुहरी सुरंग। उस सुरंग से होकर तेज रफ्तार वाली गाड़ियाँ पूरे वनखंड को धड़काते हुए गुजर जातीं। सुरंगों के बनने के समय घटी घटनाएँ, कहानियों का बाना पहने गाँव वालों के संग मुसाफिरों तक चली आया करतीं और टनेल के साथ गुजरने वाली लाइन के घूमकर जाने का रहस्य उजागर कर देतीं। जब अंग्रेज इंजीनियर वहाँ टनेल बनाने आए थे तो उन्हें नहीं पता था कि जमीन के अंदर पता नहीं कितने ही कालखंडों से देवता सोए पड़े थे, झारखंडी महादेव। सुरंग बनाने के दौरान हलचलों का सिलसिला जारी हुआ। देवता जाग पड़े और अचानक उस वीराने में एक जाग्रत मंदिर उग आया। इच्छाओं-आकांक्षाओं से भरी प्रार्थनाएँ जाग उठीं।

वहाँ बिछी पटरियों पर पूरे साल महादेव की छाप छाई रहती। ट्रेन की खिड़की से रात में रोशनियों तले जगमगाते मंदिर को कृति देखती। उसके मन में गर्भ-गृह में स्थित शिवलिंग की स्मृति, काले ठंडे पत्थर के बीच से निकलकर छा जाती। घने जंगल के बीच खड़े विशाल वृक्षों की फुनगियों पर शिव की उद्भूत आकृति बादल सरीखी मँडरा उठती। बनवासी का वेश धारण किए शिव गाँव वालों के मन में बसते। दूर जंगल में स्थित गाँव के लोग ट्रेन में बैठकर खलासी बनने कस्बे में आ जाते। वे खलासी बन भी जाते। वे गैंता-कुदाली चलाते, पटरियों पर लगी लोहे की चाभियों को कसने का काम करते। वे लोग चौकीदारी का भी काम करते। नई सभ्यता से परिचित होने के दौर में उनके लिबास बदल जाते। उनकी स्त्रियाँ ब्लाउज को आश्चर्य से देखतीं।

रेल डिव्हीजन सीकेपी कस्बे के छोर पर बनी कॉलोनी वास्तव में किसी भी तरह से अफसरों की सकारात्मक रिहाइशी कॉलोनी नहीं दीख पड़ती। यूँ तो बाहर से सब ठीक-ठाक दिखता, बड़े-बड़े बंगले। 'बंगलों' के बीच स्थित क्लब की इमारत। लेकिन बीच के वर्षों में आफिसर्स कॉलोनी के ठीक सामने सड़क के उस तरफ बसा दी गई स्टाफ कॉलोनी आक्रोशित ढंग से इस पार की हलचलों पर नजर रखती। जानबूझकर फैलाई गई हिंसा की लहरें बंगलों की छतों पर कुहासे की शक्ल में फैली रहतीं।

खास प्रकार से निर्मित यह हिंसा, यूनियन और प्रशासन दोनों के द्वारा रची गई निर्धूम शिखा की नाईं तपती।

अनदेखे स्वार्थों की अनवरत आपूर्ति की खातिर मानसिक हिंसा का यह दीप बरसों-बरस लगातार जला करता।

यूनियनबाजी और प्रशासन दोनों के द्वारा मिलकर रची गई इस हिंसा को अखंडित दीप की तरह बराबर प्रज्वलित रखा जाता। किन्हीं अनदेखे स्वार्थों की अनवरत आपूर्ति की तरह। जब कृति देखती कि बोर्ड से निकलने वाली पत्रिका में मिनिस्टर की फोटो छपी है लाभांश के लाख-लाख रुपयों के चेक को स्वीकारते हुए तो वह चौंक जाती। यदि वाकई रेलवे मुनाफा कमाने में समर्थ है तो वह जीवन भर समर्पणपूर्वक खटने वाले अपने कर्मचारियों का, उनके परिवारों का ध्यान क्यों नहीं रखती?

ये प्रश्न कृतिका की स्टडी टेबल के चारों ओर मँडराने लगते।

कृतिका को यह पूरा ढाँचा किसी बेहद विशाल गगनचुंबी इमारत जैसा दिखता जिसके गुंबद रूपी ऊँचे शीर्ष पर स्थित एकमात्र कुर्सी सीआरबी की रहती। उस ऊँचे शीर्ष के ठीक नीचे कुछेक गिनीचुनी हस्तियाँ होतीं। रेलवे बोर्ड के तमाम मेम्बरान अपना-अपना तामझाम समेटे हुए।

अन्य बुर्जियों पर अलग-अलग जोन के जनरल मैनेजर अवस्थित होते, उनका राज्य, उनके अपने मातहतों, चीफ अफसरों से लेकर पूरे हेडक्वार्टर और डिवीजन तक फैला रहता और डीआरएम हर डिवीजन के शीर्ष पर स्थित मालिक की तरह दिखता। मालिक की मर्जी के बगैर डिवीजन में पत्ता भी नहीं हिला करता।

इस विस्तृत ढाँचे में हर जगह, हर अफसर के नीचे बतौर ओवरसियर, बतौर क्लर्क और खलासी काम करने वाले कर्मचारियों का एक-एक झुंड रहता। कई अफसर अपने नीचे स्थित कर्मचारियों के झुंडों की गिनती करके अपने पावर पर इतराया करते। इतने बड़े रेल प्रशासन में कई लोग सीधे-सीधे बतौर असिस्टेंट इंजीनियर अपनी पोस्टिंग पर आते। कायदे से वे विस्तृत संरचना के छोटे प्यादे होते। लेकिन डोंगापोसी, डूंगरगढ़, टिटलागढ़ और अराकू जैसी छोटी जगहों पर, जहाँ वे उस कॉलोनी के एकमात्र अफसर हुआ करते, उन्हें प्रशासन एक अलग तरह के सिंहासन पर आसीन करा देता, वे उस स्टाफ कॉलोनी के मानों राजा हुआ करते। पूरी कॉलोनी हर पल अपने एईएन पर निगाहें जमाए रखती, साहब की निगहबानी में बने रहना चाहती।

ऐसे में साहब की पत्नी भी अपनी अहम भूमिका रखती। कृतिका को उसकी जिम्मेदारियों से परिचित कराने कई बार स्टाफ की महिलाएँ आ जातीं। कभी ऑफिस

के बड़े बाबू राव की पत्नी के साथ लेडी क्लर्क, कभी कोई और–

"पहले यहाँ महिला समिति थी।"

कृतिका ने जिंदगी में पहली बार महिला समिति का नाम सुना। कर्मचारियों की पत्नियों को उपार्जन में सक्षम बनाने वाली अद्‌भुत समाजसेवी संस्था।

हर डिवीजन, हर छोटी-बड़ी रेल कॉलोनी में अवस्थित महिला समिति की विभिन्न शाखाओं में कर्मचारियों के कपड़ों की सिलाई की जाती। कमीज, पैंट, कोट के कटे हुए टुकड़े गिन-गिनकर महिलाओं को दिये जाते और एक-दो महीने के बाद उनसे पूरी सिली हुई कमीज, पैंट गिनकर ले ली जातीं। बदले में सिलाई की रकम मिलती।

हर महिला की अपनी स्वतंत्र कमाई। स्त्री के स्वयं का उपार्जन। कृतिका उस ढाँचे से अवगत होते ही डोंगापोसी में उसकी शाखा खोलने के लिए उत्सुक हो उठी।

यह एक समाजसेवा का काम था। समाजसेवा से बिना गहराई तक जुड़े हुए कृतिका ने अपने आप महिला समिति के काम को हाथ में ले लिया। स्टाफ कॉलोनी की अंदरूनी पॉलिटिक्स की छिपी परतों को कई बार उघाड़कर उसे इशारों में बताया गया कि पहले भी कभी यहाँ समिति खुली थी। लेकिन बाद में आपसी लालच और झगड़े के कारण बंद हो गई। घपला हो गया था।

"अभी भी समिति का मशीन बच्चन बाबू के घर में है। वह आदमी अईसा है कि मशीन लौटाएगा नहीं।"

तरह-तरह की बातों को सुनते हुए, गुनते हुए कृतिका को यह तो समझ में आया कि यह एक उलझा हुआ मुश्किल-सा काम है जिसमें गड़बड़ियों और गड़बड़झाले की पूरी संभावना है। लेकिन कृतिका के मन ने इस बात से इनकार नहीं किया कि उसके द्वारा उठाए गए कदम से, जबरदस्ती मोल ली गई परेशानियों से, उन स्त्रियों का भला होगा जिनकी आँखों में झलकते विनती के कतरों ने कृति को आत्मसंकल्प से भर दिया था।

"आप यहाँ महिला समिति खोलिए न, हाम लोगों को कुछ पैसा मिल जाएगा।"

"त्यौहार के समय तीन-चार सौ रुपए हाथ में आ जाएँ तो हाम अपने लिए, बच्चों

के लिए कुछ खरीद सकता है।'

कृतिका ने तय कर लिया कि उसे महिला समिति खोलनी ही है।

वेलफेयर इंस्पेक्टर को वहाँ डोंगापोसी बुलाना एक मुश्किल-सा काम था। यह बात एक समस्या की तरह सतह पर उभरी। फोन कर-कर के तंग आ चुके बड़े बाबू ने सलाह दी–

"मैडम! एक बार आप डीआरएम मेम साहब से बात कर लेतीं।"

डीआरएम कितना बड़ा अफसर होता है, सच में कृतिका को यह पता नहीं था। मन में धुँधली तस्वीर आई और गई–"भाई से थोड़ा बड़ा।"

भाई तब डोंगरपुर में डिप्टी थे।

कृतिका ने बिना संकोच के डीआरएम मैडम को फोन किया। ठीक पाँचवें दिन वेलफेयर इंस्पेक्टर अपनी लंबी नाक और चमड़े के हैंडबैग के साथ आया–

"महिला समिति का कमरा कहाँ है?"

महिला समिति के नाम पर एक फुट जगह भी तय नहीं थी और इंस्पेक्टर कमरे की बात पूछ रहा था।

"कपड़ों के बोरे कहाँ रखे जाएँगे?"

इस समस्या का समाधान नहीं था।

महिला समिति के लिए उस कॉलोनी में कहीं तयशुदा सुरक्षित जगह नहीं थी।

कृतिका ने अपने बंगले के बरामदे में कपड़ों से भरे बोरों को रखवाने का निर्णय लिया।

"...त्यौहार के समय हाम लोगों को थोड़ा पैसा मिल जाएगा..."

कृतिका महिला समिति किसी भी कीमत पर खोलेगी जरूर।

वास्तव में समिति को खोलना, मीटिंग की तारीख तय करना, मेम्बरों का चुनाव करके उनके बीच से सेक्रेटरी आदि को चुनकर उसे काम सौंपना एक लंबे सिलसिले की तरह था। कृतिका ने एक-एक कदम सोच-समझकर ही नहीं, बल्कि फूँक-फूँक कर रखा। जो लोग पहली महिला समिति के सदस्य थे, उनमें से एक को भी नई महिला समिति में सदस्यता नहीं दी गई। कृतिका हर काम को स्वयं करने की कोशिश करती, लेकिन उसके द्वारा लिए गए निर्णयों के पीछे जयंत के ऑफिस स्टाफ के कई लोगों का दिमाग रहता और समय-समय पर दी गई चेतावनियाँ रहतीं। इन सभी चेतावनियों और सलाहों पर कृतिका गौर करती, फिर कोई भी निर्णय लेती।

कुछ महीनों में महिला समिति ने रफ्तार पकड़ ली।

मेम्बरों को गिनकर कटे हुए कपड़े दिए गए। दो महीने बाद सिली हुई कमीज, पैंट वापस गिनकर लिए गए।

त्यौहार के पहले पैसे भी बाँटे गए।

अपनी मेहनत का अपना फल।

पाँचवें महीने की मीटिंग के दौरान अचानक तय हुआ कि एक मेला लगाना है—आनंद मेला। इंस्टिट्यूट के मेन हाल में हुई उस मीटिंग में सेक्रेटरी, ज्वायंट सेक्रेटरी के साथ-साथ तमाम मेम्बरों की उपस्थिति में यही निश्चित किया गया कि अगले महीने आनंद मेला लगाया जाए—

दही बड़े, केक, चिवड़ा भाजा से लेकर पकौड़ी-चाय के स्टालों वाला मेला।

मेले में और भी कई स्टालों का रखा जाना तय हुआ। गेम्स और गैम्बलिंग स्टाल।

इस मेले से कृतिका को क्या हासिल होने वाला था इस बात पर बिना विचार किए हुए वह मेले को लगवाने की तैयारियों में व्यस्त हो गई।

अपने हिस्से के खाली समय का बहुत-सा हिस्सा खुशी-खुशी स्टाफ की खुशियों के बदले में देने के लिए कृतिका तैयार हो गई, मानों यह उसका एक जरूरी कर्तव्य हो।

स्टाफ की पत्नियों के उत्साह, उनकी खुशी का सम्मान करना कृतिका को किसी ने सिखाया नहीं था लेकिन सकारात्मक वलयों के बीच स्वयं को अवस्थित रखने की आदत के तहत कृतिका ने स्वयं को इस बहाव में बह जाने दिया। अनजाने ही वह इस कार्य में पूरे मन से जुड़ गई।

खुद-ब-खुद कृतिका एक अच्छे कार्य में भागीदार बनने जा रही थी।

नियत दिन और तयशुदा समय पर आनंद मेला लगा।

खाने-पीने के स्टाल के साथ-साथ बैलून और छोटे-मोटे खिलौनों के स्टाल भी लगे। एक दो गैम्बलिंग स्टाल भी। पानी भरी बाल्टी में रखी गई कोल्ड ड्रिंक की बोतलों में रिंग डालने का स्टाल और ताश के पत्तों से भाग्य आजमाने का स्टाल।

लेकिन मेले के शुरू होने के दूसरे तीसरे घंटे में ही ऐसी भीड़ उमड़ी कि खाने-पीने के सभी सामान बिक गए। खाली बर्तनों को सामने रख स्टाल पर बैठे रहना महिलाओं के लिए खतरे से भरा था। नए-नए आते ग्राहकों की नाराजगी का डर था।

कृति ने तुरंत निर्णय लिया।

"दस मिनट के अंदर आप लोग स्टाल छोड़ दें।"

ठीक पंद्रहवें मिनट में वह स्वयं मेले को छोड़कर निकल गई। कृति को कॉलेज में लगने वाले वसंत मेले में रखे रह गए इडली भरे भगौने याद आए। उस साल फरवरी महीने में आयोजित मेले में इंटर में पढ़ने वाली कृतिका थर्ड ईयर की विजया राव के साथ इडली के स्टाल पर थी।

जफरपुर जैसे छोटे शहर में इडली का नाम तब नया-नया था और उसका स्वाद ज्यादातर लोगों के लिए अनजाना।

विजया राव के साथ कृति मेन हाल में लगाए गए स्टाल पर चटनी, सांभर, इडली के साथ काफी समय तक ग्राहकों के इंतजार में खड़ी रही थी। तमाम लड़कियाँ, उनकी माँएँ, भाई, भाभी, पापा, चाचा आते रहे। अगल-बगल के स्टाल से पकौड़े समोसे चाट खरीदते रहे। सामने लगी दस टेबलें और चालीस कुर्सियाँ रह-रहकर भरतीं और खाली होती रहीं। लेकिन विजया राव के स्टाल की इडली जैसी की तैसी रही।

मेला शाम के सात बजे खत्म होना था। जब घड़ी की सूई ने पाँच पार किए तो विजया रुआँसी हो उठी थी—

''हमारा मम्मी हमको बहोत डाँटेगा।''

उसने टेबल के नीचे रखे भगौनों की ओर दुःखी होकर देखा था।

कृति को विजया राव के सफेद लंबे कुर्ते और चमकदार दुपट्टे की याद आई। काली पुतलियों से मेल खाते काले बाल।

कितनी-कितनी दुनिया पीछे छूट गई है और कैसी-कैसी दुनिया आगे पसरी पड़ी है।

कृति इन सबके बीचों-बीच खड़ी है मानो। पृथ्वी के ठीक शीर्ष पर दोनों हाथ पृथ्वी के समानांतर फैलाकर वायु के जोर को भाँपती हुई। बैडमिंटन कोर्ट के सामने खड़े होकर कृतिका ने पूरे परिवेश को एक साथ देखा।

सामने फेंसिंग के पार रेलवे लाइन।

दाहिनी ओर बंगला और ऑफिस की जुड़ी हुई इमारत। बंगले के बाहरी बरामदे में लगे दरवाजे को खोलकर जयंत सीधे ऑफिस के बरामदे में प्रविष्ट हो जाते और वहीं से आगे बढ़कर अपने ऑफिस में।

आनंद मेले के दूसरे दिन से लेकर पूरे सप्ताह तक डोंगापोसी में तरह-तरह की रिपोर्टिंग चली। बंगले से लेकर ऑफिस तक, माल रोड से लेकर स्टेशन तक।

''बहुत लोग शाम होने पर मेला में गिआ, वहाँ तो कुछ खाने का सामान बचा ही नहीं था। सब लौटकर आ गिआ। खूब गुस्सा होता रहा। बोलता रहा कि ओह थोड़ा पहले जाने से ठीक रहता।''

नए प्रश्न उभरकर जगह रोक लेते—

''अगला मेला कब लगेगा माँजी?''

समिति की महिलाओं के आनंदित चेहरों को, उनके चमचमाते मुखड़ों पर छाए उत्साह को देखकर कृतिका ने अगाध संतोष महसूस किया।

''हम लोग कभी भी ऐसा मेला नहीं देखा।''

''यहाँ कभी मेला लगा ही नहीं था।''

''की लोक्खी माँ ई मेमसाहब तो।''

मिसेज गांगुली के साथ गाँव से आई उनकी बड़ी जेठानी ने कृतिका की अपने ढंग से प्रशंसा की।

''मैडम! हम बोल देता है अईसा मेला इधर न पहले हुआ न आगे कभी होगा। क्रेडिट गोज टू यू।''

ऑफिस से साउथ इंडियन बड़े बाबू अपनी पत्नी समेत धन्यवाद ज्ञापित करने आए।

कृतिका ने जीवन के नए अध्याय के कुछ पन्ने पूरी कुशलतापूर्वक पलट डाले।

मीटिंग के लिए जयंत जब डिवीजन जाते, तो कृति भी साथ जाया करती। वहाँ दो-तीन दिन रहने के दौरान किसी न किसी के यहाँ नाश्ते, खाने पर उन्हें बुलाया जाता। रेल समाज के समृद्ध तौर तरीके। कई बार जयंत फोन करके स्वयं भी किसी के घर मिलने चले जाते।

उस शाम जयंत ने डीईएन सत्यनाथन के यहाँ जाने का प्रोग्राम बनाया, कृति और जयंत साढ़े सात बजे सत्यनाथन दंपति के घर गए।

कृति ने पाया कि मिस्टर मिसेज दोनों ने एकदम अच्छे क्रीजदार कपड़े पहने हुए थे, वह उन लोगों के सलीके को देखकर एकदम से प्रभाविंत हो गई, और मन ही मन उसने उन लोगों के रहन-सहन की तारीफ की। गप्पें हुईं, चाय, बिस्किट और सेब खाए गए।

मिनी कोर्ट स्थित उस सजे-सजाए फ्लैट में कृति सोफों के बीच रखी गई एकदम बौनी आरामदेह कुर्सी पर बैठी थी। बैठते समय कृति ने ध्यान नहीं दिया था कि उस

कुर्सी का रुख सीधा अंदर के कमरे में खुलनेवाले दरवाजे की ओर है।

गपशप के बीच उसने देखा कि अंदर के कमरे के फर्श पर दो बच्चे पेट के बल लेटे हुए थे। दरवाजे पर लगे पर्दे की लंबाई के कारण वे दोनों बाकी लोगों की नजरों से छिपे हुए थे, लेकिन कृति को वे साफ-साफ दिख रहे थे। वह उनकी ओर देखकर मुस्कुराई, लेकिन वे नहीं मुस्कुराए। उन्होंने लंबी जीभ निकालकर उसे मुँह चिढ़ाया और मुक्के दिखाए।

कृति की मुस्कुराहट अपने आप लुप्त हो गई, उसने घबड़ाकर आश्चर्य से जयंत और मिस्टर मिसेज सत्यनाथन की ओर देखा, वे लोग बातों में मग्न थे। कृतिका ने अंदर कमरे में खुलनेवाले दरवाजे की तरफ से निगाहें हटा लीं, उसने सोचा उधर देखना ठीक नहीं। लेकिन थोड़ी देर बाद उसने पाया कि निगाह अपने आप उधर चली गई। नजर मिलते ही फिर बच्चों ने मुक्के दिखाए, दाँत निकालकर बंदरों की तरह 'हाऊँ-हाऊँ' की मुद्रा बनाई। कृतिका ने फिर से घबड़ाकर नजरें हटा लीं।

अब तो यही बार-बार होने लगा, वह अंदर के कमरे में खुलनेवाले दरवाजे पर से निगाहें हटा लेती, कुछ देर बाद अचानक जैसे ही नजर जाती, बच्चे हवा में मुक्के लहराते हुए दीख पड़ते, तभी फोन की घंटी बजी। मिसेज सत्यनाथन ने फोन उठाया–

''यस! हाँ, हाँ बस कुछ देर में निकल रहे हैं।''

कृतिका को एकदम से समझ में आ गया, वे लोग सपरिवार किसी से मिलने जा रहे थे और जयंत कृति के आ जाने के कारण उनके प्रोग्राम में खलल पड़ी, इसीलिए बच्चे चिढ़े हुए थे। वे अचानक आ धमके मेहमानों पर चिढ़े हुए थे। कृति ने जयंत को वापस चलने का इशारा किया। जयंत कुछ ही मिनटों में उठ खड़े हुए–

''अच्छा बॉस, हम चलें।''

''ओ. के. पार्टनर, कम अगेन।''

कृति ने चैन की साँस ली।

छह शानदार बँगलेनुमा फ्लैटों वाले उस 'मिनी कोर्ट' से बाहर निकलते हुए कृतिका ने

मुड़कर एक बार पूरी बिल्डिंग को देखा, अलग-अलग फ्लैटों की बत्तियाँ यहाँ-वहाँ जल रही थीं। छह परिवार एक साथ एक बिल्डिंग में आज यहाँ कल कहीं और की मुद्रा में रह रहे थे।

कृतिका ने अलग कमरों में रहने वाले परिवारों के बच्चों के बचपने के उन कतरों के बारे में सोचा, जो शायद भविष्य में वहीं उन दीवारों पर छूट जाने वाले थे। उनकी शरारतें, उनके द्वारा छिपाए गए बैलून और रंग-बिरंगे पत्थरों के टुकड़े इन्हीं फ्लैटों में, नीचे के बगीचे की मिट्टी के अंदर छुपे रह जाएँगे। पिता के ट्रान्सफर आर्डर आने पर वे कहीं और किसी अन्य शहर में रहने चले जाएँगे। बड़े होने पर इन्हीं कमरों में रहने वाले बच्चे अपने बचपन की यादों को ढूँढ़ते हुए शायद कभी वापस मिनी कोर्ट आना चाहें।

वे पीछे छूट गए अतीत के उस बंगलेनुमा फ्लैट में मात्र उस जगह को एक बार फिर से देखने जाना चाहें और पुराने शहर पहुँचकर वे मिनी कोर्ट आएँ, जब वे घंटी बजाएँ तो स्वयं को किसी अनजान अपरिचित चेहरे के रू-ब-रू खड़ा पाएँ—

''यस?''

''एक्सक्यूज मी! कई वर्ष पहले हम लोग यहाँ इसी घर में रहते थे।''

''आय सी!''

''ऐसा है कि बरसों बाद अचानक इधर आना हुआ तो हमने सोचा पुराने घर को देखने चलें।''

''ओ ऽ! आ जाओ, अंदर आ जाओ।'' हिचकते कदमों से बचपन से बड़ा हुआ, बच्चा अंदर आ जाए—

''एक्सक्यूज मी। मैं शायद आप लोगों को डिस्टर्ब कर रहा हूँ।''

''नहीं, नहीं। इट्स ऑल-राइट।''

ट्रांसफर पर जाते रहने वाले अफसरों के लिए बनाए गए बंगलों और फ्लैटों को देखते

हुए कृतिका अकसर सोचा करती कि उनमें रहने वाले व्यक्ति यदि भविष्य में मौका मिलने पर एक बार फिर पुराने घर को देखने आना चाहें और यदि ऐसा हुआ कि वे सभी एक ही दिन, एक ही समय में आ गए तो?

'मिनी कोर्ट' के अहाते से बाहर निकलते हुए कृतिका ने मुड़कर एक बार पीछे देखा। शानदार बिल्डिंग की खिड़कियों के शीशे अपनी पलकें, पर्दों की हिलती सलवटों के संग झपका रहे थे।

कृति ने पीछे मुड़कर शीशों के चौकोर टुकड़ों को ध्यानपूर्वक देखने की चेष्टा की। मिनी कोर्ट के शानदार फ्लैटों में रह चुके कितने ही अफसरों के बारे में कृति ने एक साथ सोचा जो वहाँ अलग-अलग समयों में रहे होंगे, अकेले भी दुकेले भी और बच्चों के साथ भी। तय है उन सबों के व्यक्तित्व का कोई न कोई हिस्सा अलग-अलग समय खंडों में उन कमरों के शानदार स्पेस के बीच अवश्य छूटा होगा। 'घटाकाश' के बीच। क्या पीछे छूट चुके अपने व्यक्तित्व के उस हिस्से को तलाशते हुए वे सब फिर कभी सच में मिनी कोर्ट वापस आएँगे? आना चाहेंगे? यानी स्वयं के किसी अंश को तलाशते हुए? सब के सब एक साथ एक ही दिन?... कृति ने कॉलोनी की चिकनी काली सड़क पर चलते हुए सोचा।

शाम ढल चुकी थी। बिजली के खंभे सिर पर रोशनी के वृत्त समेटे कतार में खड़े थे। उन रौशन कतारों के बीच चलते हुए कृति को यकायक उस नर्म-गर्म दुपहरी की याद आ गयी, जिसमें ट्रांसफर, घर छोड़ने, नए घर में शिफ्ट होने की चर्चा जमकर हुई थी।

एक सौ छह नंबर के बंगले में स्थित हरे घास के गलीचेनुमा लॉन के एकदम किनारे ही टी टेबल लगायी गयी थी। अर्जुन का पुराना पेड़ अपने मोटे तने की तिकोनी भंगिमा के संग निकट ही खड़ा था और दुपहरिया के बीतते कदमों तले लॉन के सिर पर स्थित झऊआ का पेड़ अपनी पत्तियाँ झुकाए हुए...

"रचना, फिर से उसी डिवीजन में आना कैसा लग रहा है?"

मिसेज चंद्रवल्ली ने नए-नए प्रोमोट हुए रोमेश मिश्रा की पत्नी से पूछा था—

"हाँ, अभी आए तो हैं। लेकिन पता है कि फिर जाना पड़ेगा।"

वह एक तरह का निरपेक्ष स्वीकार था, वक्त को स्वीकारने जैसा।

ट्रांसफ़र को परिवार सहित स्वीकारने की बात ने उस समय उपस्थित सभी महिलाओं को अपनी तुर्श छुअन से टहोका-सा लगाया था। सबके पास अपना-अपना दर्द था...लगे लगाए बगीचे को पुरानी जगह छोड़ जाने का दुःख, लगाए गए नीबू की डालों पर लदे अनगिनत कच्चे नीबुओं को पुराने बगीचे में छोड़कर आने का दुःख...सबके पास बिताए गए, सालों में भोगे गए यथार्थ के लंबे-लंबे टुकड़े थे। लेकिन रचना मिश्रा स्थूल आवागमन की बात नहीं कर रही थी।

कृति ने ध्यान से मिसेज रचना मिश्रा के कपाल को निहारा था, वहाँ अशर्फी जैसी गोलाई थी। क्या रचना मिश्रा जन्म-मृत्यु से संबंधित आवाजाही को इंगित करना चाह रही थी? या पूर्व जन्म में उपस्थित वैदिक संस्कारों के कारण वह स्वीकार, अनजाने ही उसकी वाणी पर आकर बैठ गया था? रचना मिश्रा की आँखों में स्थित शून्यता चौंका देने वाली थी, वह बोलती तो ऐसा लगता मानों शब्द आकार ले लेते हैं, लेकिन उनके अंदर कोई गूँज नहीं रहा करती, पूरे समय उसकी दृष्टि एकदम निराकार रहा करती।

उस दुपहरी में रचना ने उपनिषद् के बारे में बताया था। उसके मुँह से निकले निराकारी वाक्य अचानक अमूर्तता से निकलकर मूर्त हो उठे थे—

''मुझे तो ऐसा लगता है कि अपने ट्रांसफर को हमें अद्वैतिक प्रस्थान की तरह लेना चाहिए। बंगले के कमरों को अपना मानकर रह रहे हैं, सारी कॉलोनी पूरा क्लब, स्वीमिंग पूल सब अपना लगता है। लगता है कि यह सब हमारा है। लेकिन अचानक आर्डर आ जाते हैं, और हम दूसरे शहर को चल पड़ते हैं। जैसे जीव एक शरीर को छोड़कर एक लोक से दूसरे लोक जाता है।''

कृति को पंचाग्नि विद्या में वर्णित तथ्य उस दिन याद आ गए थे...।

...पूरी मनुष्य जाति सभी जीवधारियों को 'प्रजा' शब्द से इंगित करनेवाले राजा के बारे में उसने सोचा। प्रवाहण नामक राजा वास्तव में कैसा रहा होगा? क्या वह वाकई चैतन्य को उसके सही स्वरूप में जाननेवाला रहा होगा? कृति को राजाओं के उस राजा का राजसी बिम्ब, राजदर्प, ज्ञानदर्प की पूर्णता पर दृढ़तापूर्वक खड़ा हुआ नजर आया।

उस शाम कृति ने युगों पहले बीते हुए समय में स्थापित सत्य को कॉलोनी की शांतता के बीच कौंधते हुए महसूस किया था। कौंधते हुए सभी सत्यों के बीच से कृति ने स्वयं को देखा।

कृति इन सबके बीचोंबीच खड़ी है मानों। पृथ्वी के ठीक शीर्ष पर दोनों हाथ पृथ्वी के समानांतर फैलाकर वायु के जोर को भाँपती हुई।

बैडमिंटन कोर्ट के सामने खड़े होकर कृतिका ने पूरे परिवेश को एक साथ देखा।

सामने फेसिंग के पार रेलवे लाइन।

दाहिनी ओर बंगला और ऑफिस की जुड़ी हुई इमारत। बंगले के बाहरी बरामदे में लगे दरवाजे को खोलकर जयंत सीधे ऑफिस के बरामदे में प्रविष्ट हो जाते और वहीं से आगे बढ़कर अपने ऑफिस में।

बारिश बीत रही थी।

पहाड़ी पर पहाड़ों पर बरसात गिर रही थी।

लाइन के पार खड़े पहाड़ गहरी बारिश के बीच नीलेपन की छाया तले घिरे दिखते। पूरी कॉलोनी उन पहाड़ों के पैरों तले बिछली हुई।

नोआमुंडी के सबसे ऊँचे टावर पर खड़े होने से दूर-दूर तक पहाड़ों की, कतार पर कतार दिखती। कृति उन्हें गिनना चाहती। वे पहाड़ फैलते-फैलते उड़ीसा की सीमा को छू लेते। छू कर क्षितिज की गोलाई की ओर मुड़ जाते। धूप की नर्म तह पीली सुनहली होकर पूरे वातावरण पर प्रतिबिम्बित हो उठती। शाम अपनी बाँहों का घेरा और बढ़ाती। वह सारी रश्मियों को, परावर्तन के जादू को, पहाड़ों, घाटियों के ओरछोर को ढँक लेना चाहती।

सुनहरी शामों का जादू देर तक कृतिका के मानस को ढाँपे रहता।

पढ़ी हुई कुछ कविताओं को इस मौसम में कृति बार-बार पढ़ती, पढ़ी हुई पंक्तियों की गूँज आसपास मँडराती चलती...

''ह्वेन आय रिकाल दैट ऑ दिस-मायसेल्फ, स्टार्स, फ्लॉवर्स एंड द शार्प फ्लाइट ऑफ अ बर्ड आउट ऑफ गेस्थरिंग ब्रशबुड, द क्लाउडस् हाउटिनेस एंड व्हाट द विण्ड कुड डु टू मी एट नाइट, व्हीस्कींग मी आउट ऑफ वन बीईंग इन्टू अ नेक्स्ट–दैट ऑल दिस इन एण्डलेस सक्सेशन।''

V

लखनऊ से फोन आया।

भाई अगले हफ्ते कलकत्ता आ रहे थे। ऑन ड्यूटी। वहाँ से वे डोंगापोसी आने वाले थे।

कृति के लिए यह खबर एक सुखद संवेदना की तरह उभरी और उसके चारों ओर छा गई। तय हुआ कि स्टडी रूम कहे जाने वाले कमरे में भाई रहेंगे। उसमें बगीचे की ओर खुलनेवाली दोनों खिड़कियों पर कृति ने पर्दे लगाए और ऐन बरामदे में खुलने वाले दरवाजे के सामने रखी गई अलमारी को हटा दिया।

कृति कई तरह की तैयारियों में लग गई। उसने हाट से हरी सब्जियाँ मँगवाकर फ्रिज में रखीं। चाईबासा से गाजर, बंदगोभी, चीज और मक्खन मँगवाए। भाई के आने पर वह सूप अवश्य बनाएगी। भाई हर बात की, खासकर कृति के द्वारा बनाए गए हर खाने की हमेशा तारीफ करते। वह तारीफ कृति को नई ऊँचाइयों को आजमाने की प्रेरणा देती।

कमरे में रखी रैक पर की सभी किताबों को कृति ने एक-एक करके झाड़ा-पोंछा। उन्हें वापस करीने से रखा। बिस्तरे पर बिछी चादर बदलते हुए, बाथरूम में धुला टॉवेल टाँगते हुए कृति बार-बार अपने बचपन में बीत चुके दिनों में लौटती रही। भाई की संरक्षित छाया में बिताए गए बचपन के सुनहरे चमकीले दिन उसके आस-पास मँडराने लगे।

ऐसे में कई बार वह लाल फर्शवाले कमरे में दोनों कान पकड़कर खड़ी लड़की को देखती। किसी-किसी दिन शरारत की हदों को पार कर जाने पर भाई कृति को सजा में

खड़ा कर देते। भाई दक्खिन वाली दीवार की ओर मुँह करके रखे गए कुर्सी-टेबल पर बैठकर पढ़ते रहते। पश्चिम वाली दीवार के पार स्थित अपने ड्रेसिंग रूम की तरफ खुलने वाले दरवाजे के पास दोनों कान पकड़कर कृति को खड़ी रहने का आदेश देकर वे स्वयं पढ़ने बैठ जाते। थोड़ी देर में कृति पूरब की दीवार की ओर बाहरी बरामदे की तरफ खुलने वाले दरवाजे की तरफ खिसकने लगती। कृति धीरे-धीरे खिसकती। होते-होते एक आध घंटे में एकदम कमरे के बीचोंबीच पहुँच जाती। भाई की पीठ की सीध में! वह और खिसकती। बाईं ओर! जब पूरबवाली दीवार और दरवाजा चार-पाँच कदम रह जाते तो वह एकबारगी दौड़कर भाग जाती। भाई कुछ नहीं कहते। देखकर अनदेखा कर देते।

बेडरूम के टेबल पर डस्टिंग करते-करते हाथ का झाड़न परे रखकर कृतिका शीशे के सामने अचानक थमककर खड़ी हो गई। उसने दर्पण में अपने प्रतिबिम्ब को देखा। अचानक वह बचपन की उस नटखट लड़की को अपने अंदर तलाशने लगी जिसका सारा बचपना सिर्फ भाई के इर्दगिर्द मँडराया करता।

भाई कॉलेज के टूर पर चले जाते और चुनमुन भैया से लड़ाई हो जाने पर जब उसे कोई नहीं बचाता, तो अन्त में वह हार कर रोने लगती। रोते-रोते भाई के कमरे में चली जाती। वहाँ रखे गए बुकशेल्फ के पीछे छिपकर दोनों मुट्ठियों से आँखें मलमल कर रोती—'भइया हो! तू जल्दी से चल आ ऽ ब!'

दर्पण में बार-बार ढूँढ़ने पर भी कृति को बचपन की उस लड़की की झलक भी न मिली। लेकिन वह लड़की कृति के मानस में बराबर मौजूद थी। कृति के मानस में उसका बचपन सेंत कर रखे गए कीमती नाजुक रेशम की तरह मौजूद था। पूरी कोमलता से भरा हुआ, पूरा रौशन। वहाँ भाई भी थे। एक भाई ही तो थे जहाँ वह अपने बचपन को, बचपने को बचाए रखना चाहती। पिता के पितृत्व की स्मृतियाँ एक तरह से कृति के पास थीं ही नहीं। कभी-कभार माँ के शब्दों के प्रतिबिम्ब अकेले में उसे झिंझोड़ जाते। माँ अपने अतीत के बीच स्थित अपने पहले बच्चे के जन्म की बात को बच्चों की गिनती करते वक्त भूल नहीं पाती थीं, जो एक तरह से जन्मा था ही नहीं। वे कृति को अपनी आठवीं संतान गिनतीं—

"मुँहे मुँह के बात। लोग के कहल। अठवाँ बच्चा माय बाप ला अच्छा न होए।"

ऐसे में अगर मामा मौजूद रहा करते तो वे तुरंत माँ की बात काट देते—

"कृष्ण देवता भी तो आठवें थे।"

लेकिन भाई के लिए न तो कृति सातवीं थी न आठवीं, उनके लिए वह बस एक ही एक थी। वे उसे घर भर के कोप से बचाते। हर स्थिति में उसका पक्ष लेते। चाहे कृति जो करे। कृति की हर गलती भाई की नजर में माफ थी।

इतना बड़प्पन भाई ने कहाँ से पाया होगा? क्या पिता से या माँ और मामा से?

नहीं, शायद भाई ने स्वयं ही बड़प्पन की उस बेल को अपनी किशोरावस्था में सींचा होगा, सँवारा होगा, ताकि उसकी ठंडी छाँह तले छोटी-सी कृति निश्शंक बनी रह सके। निर्भीक होकर बड़ी हो सके।

लेकिन इन सब बातों को बीते एक युग बीत गया था। कृति को नहीं भूलना चाहिए कि यहाँ आने वाले भाई वह पुराने जफरपुर के भाई नहीं हैं, वे नए-नए असिस्टेंट इंजीनियर बने मालीगाँव वाले भाई भी नहीं हैं, अब वे डोंगरपुर के डिप्टी चीफ ऑफिसर हैं भाभी के पति। और अपने बच्चों के पिता।

अब भाई बदल गए थे। उनका अपना परिवार था, उनका सर्कल था। उनकी दुनिया थी। कृति उनके बीच कहाँ थी। तलाशने पर वह उनकी दुनिया के बीच मुश्किल से नजर आती। कृति की शादी के पहले भाभी बार-बार अपनी माँ के द्वारा कहे गए वाक्य को निर्ममतापूर्वक दुहराया करतीं–

"मेरी माँ कहती हैं कि बस, ननद के सादी हो जाए द, तोहार दुल्हा तोहरा के मिल जाई।"

इस वाक्य के सही अर्थ को कृति अभी भी नहीं समझ पाती। वह कहाँ रही है कभी भाई भाभी के बीच? भाई की शादी को बारह साल हो गए, इस बीच कभी बारह हफ्ते भी तो साथ रहना नहीं हो पाया है। फिर वह क्यों काँटे-सी खटकती है? सिर्फ ननद होने से वह खटकने वाला काँटा हो गई। कृति का पितृविहीन बचपन सिर्फ भाई के अंशतः पितृत्व के बल पर अपनी नर्म कोंपलों को बचा पाया था वह बात क्या भूल जाने वाली है या नकार दिए जाने वाली।

अब इतनी दूर आकर इतनी किताबें पढ़कर कृति जान गई है कि भाभी सिर्फ

अपने औरतपने में ही कैद रही। वह स्त्री नहीं बन पाई—भाई शायद उनके लिए सिर्फ पुरुष के पर्याय के रूप में रहे। व्यक्ति के रूप में उन्होंने अपने पति को कभी पहचाना ही नहीं।

शायद वे एक अलग तरह की परंपरा में पली-बढ़ी स्त्री थीं। उनके उसूल शायद बचपन से ही खासे षड्यंत्रित उसूलों के दंभ तले चिपटे रहे थे, जो उन्होंने अपने नौकरशाह पिता से सीखे होंगे और वे उसूल कृति के अपने पिता के कट्टर भारतीय उसूलों से बिलकुल अलग थे। फर्क अभारतीयता और नकारात्मकता का था।

बदलता हुआ समय चुपचाप वायुमंडल में पनप रहा था। यह देश काल में हो रहे उथल-पुथल का समय था। यह बदलाव का समय था। समाज में वास्तव में तरह-तरह के परिवर्तन फैले चले जा रहे थे। वे सारे परिवर्तन व्यक्ति के बदलते स्वभाव का रूप धरकर आ रहे थे, स्वार्थों के नकाब ओढ़कर आ रहे थे और उन नकाबों के पीछे बहुत कुछ छिपा हुआ था।

परिवार को तोड़ डालने वाले कई सांघातिक हथियार उन नई हवाओं में छिपे हुए थे, जिन्हें पश्चिमी संस्कृति की महक यहाँ तक लाती रही थी। नये समाज में, पश्चिम के मूल्यों में गहरी आस्था रखने वाले लोगों में पहला रेला नौकरशाहों का था और उसके बाद पढ़े-लिखे डिग्रीधारकों का, जो सिर्फ स्थूल नकल करके अपना जीवन सँवार लेना चाहता था।

वहाँ उन मूल्यों, प्रथाओं के बीच शादी के मात्र ग्यारह दिन बाद हुई ससुर की मृत्यु के पश्चात नई बहू का, मायके से आकर सास की बगल में न खड़े होने जैसे, नाजायज व्यवहार को, उचित मान लिया जाता था।

पिता के परिवार में भी सेंध लग चुकी थी।

बदलते मूल्यों ने अपने नुकीले अंश से भारतीयता के कोमल अंगों को छेदने की प्रक्रिया शुरू कर दी थी।

यह न्यूक्लियर परिवारों के उद्भव का समय था जो संयुक्त पारिवारिक प्रथा को ध्वस्त करके ही उगने की ठान चुका था।

यह बदलते मूल्यों की वेला थी।

यहाँ से देखने पर कृति को वे सारे मूल्य अलग दिखते। वह उन सारे मूल्यों से एक साथ संवाद स्थापित करना चाहती।

कृति भविष्य के प्रति सोचती। वह तमाम अभारतीय मूल्यों और भारतीयता के अवमूल्यन की बात सोचती।

महीने का आखिरी सप्ताह था, महीने के अंतिम दिन।

साढ़े चार बजे जयंत का फोन ऑफिस से आया।

"ऐसा है कि आशुतोष चटर्जी डिवीजन से आए हुए हैं। चाय के लिए इन्हें घर ला रहा हूँ।"

आवाज को धीमी करके जयंत ने अगली लाइन जोड़ी—

"अपने ही डिपार्टमेंट के हैं, मुझसे सीनियर।"

"कुछ खास बनाऊँ क्या?"

कृतिका ने हमेशा की तरह पूछा—

"जैसा तुम्हें ठीक लगे।"

उदासीनता से लबालब भरा हुआ जवाब।

हमेशा की तरह कृति ने चाय के साथ एक नमकीन, एक मीठा और बिस्किट परोसे।

वह महीने के आखिरी दिनों के बीच ठिठकी हुई एक खुशनुमा शाम थी जो छह साढ़े छह बजे ढलनी शुरू हो जाती थी।

चाय की शुरुआत कायदे से टीकोजी लगी पाटवाली चाय से हुई। लेकिन डेढ़ घंटे बाद जाधो की इलायची वाली उबली सफेद चाय से उस सुंदर शाम की समाप्ति हुई।

वह शाम आनेवाले वर्षों में एक यादगार शाम बन जाएगी, इसे शायद गुपचुप ढल जानेवाली साँझ को खुद भी पता नहीं था। अगले वर्षों में उस शाम के निशान जब-तब आकर वातावरण में अलग-अलग तरह के रंग बिखेर जाया करेंगे। इस बात से जयंत, कृतिका और आशुतोष चटर्जी तीनों अनजान थे, वह शाम चुपचाप बिना किसी पूर्व सूचना या तामझाम के अपने साथ-साथ एक नए दरवाजे को आहिस्ते से खोल गई, जिससे होकर आनेवाले महीनों में कृतिका रेल की अनछुई पड़ी दुनिया में प्रवेश करने वाली थी। अनदेखी दुनिया के अनजाने रास्तों को परखने वाली थी। नये सत्यों से परिचित होने वाली थी।

आने वाले महीनों में कृतिका रेल का इतिहास पढ़ने वाली थी।

''मुझे यह रेलवे की वर्किंग, आप लोगों की भागदौड़ ठीक से समझ में नहीं आती। डिरेलमेंट साइट की बातें, अलग-अलग डिपार्टमेण्ट, डिवीजन, जोन, बोर्ड कुछ भी ठीक से नहीं समझ पड़ता।''

''इतनी जल्दी इतनी बड़ी बात कैसे समझ में आ जाएगी।''

मिस्टर चटर्जी के तुरंत दिए गए उत्तर ने हँसी की हल्की लहर को बेंत की कुर्सियों से लेकर लॉन के घास की सतह तक पर बिखेर दिया।

दो छोटे बच्चों के पिता मिस्टर चटर्जी न सिर्फ क्लासवन थे, बल्कि वे आईआईटी के टॉपर भी थे। रेलवे को उन्होंने अपने तईं कुछ ज्यादा ही जाना था, क्योंकि वे न सिर्फ स्वयं अफसर थे बल्कि अफसर पिता की संतान भी थे। बचपन से ही उन्होंने इस दुनिया को देखा था, परखा था।

''लेकिन मुझे वास्तव में विस्तार में काफी कुछ जानना है।''

कृतिका अपनी बात पर कृत संकल्प थी। मिस्टर चटर्जी ने वाक्य में निहित गूँज पर गौर किया।

वे हल्की सोच में डूब गए।

जयंत ने खामोश चिढ़ी हुई निगाह से कृतिका को घूरा। कृतिका की सोच में उस समय सिर्फ रेलवे का तामझाम था, उसकी निगाहें हाथ में पकड़े गए कप सॉसर पर थीं।

"हूँ ऽ ऽ ! डन!"

दाएँ हाथ की बँधी हुई मुट्ठी को कुर्सी के हत्थे पर धीमे-धीमे मारते हुए अपनी सोच के वृत्तों को लाँघते हुए आशुतोष चटर्जी ने स्वीकारा—

"मैं अगले महीने ट्रेनिंग के लिए बड़ोदा जा रहा हूँ। वहाँ लाइब्रेरी में यह हिस्ट्री है, उसे मैं लाऊँगा।"

बायें पैर पर टिका कर रखा गया दायाँ पैर और कुर्सी के पीछे की ओर टेक लगाकर बैठे हुए मिस्टर चटर्जी की उस मुद्रा की याद कृतिका के मन में अगले कई वर्षों तक बनी रही, जब उसने शनैः-शनैः रेल के इतिहास को पढ़ा और अनोखे तथ्यों को जाना।

कुछ समय बाद मिस्टर चटर्जी चले गए थे। जयंत उन्हें छोड़ने स्टेशन तक गए थे।

वह शाम पूरी तरह बीत गई थी कृति वहीं लॉन के किनारे झाड़ियों के करीब बैठी रह गई थी।

ऐसे वक्त में उसे लगता जैसे किसी ने सीपी का मुँह खोल दिया हो।

कैसी थी वह सीपी?

उस सीपी के अंदर उसका मन था और थीं उसकी कामनाएँ। मन के अंदरूनी सात खंडों के भीतर सुरक्षित ऐसी कामनाएँ, जो कभी, किसी के समक्ष उजागर न हुई थीं, स्वीकारी न गई थीं।

स्वयं कृतिका के समक्ष भी कहाँ पूरे तौर पर आ पाती थीं वे कामनाएँ? वे स्वयं को छिपाए हुए मानस की सतह पर विचरतीं लुका-छिपी के बीच। कभी-कभार वह उन्हें देख पाती, समझ पाती। समझने की चेष्टा किया करती।

कभी-कभी।

हाँ, बस कभी-कभी। जब वातावरण एकदम स्तब्ध रहा करता, उस चैतन्यतापूर्ण जड़ता के बीच एकदम चुपके से कुछ स्वप्न हल्की शिखाओं की नाईं हिलने लगते, आकार लेने लगते, अनवरत प्रवाहित जीवंतता, चैतन्यता के बीच वे अपना-अपना आकार गढ़ते। मनोराज्य का मंत्री स्वयं कुम्हार का रूप धरकर वेग से घूमते चाक पर उन इच्छाओं को कामना का रूप देने की चेष्टा करता।

वे कामनाएँ अपना कद बढ़ातीं। कद बढ़ाते-बढ़ाते वे स्वयं को कई बार काम में परिवर्तित होते हुए देखतीं और ऐसी सतह पर पहुँचकर कृति उनके बदलाव पर ठगी-सी रह जाया करती। वह उन इच्छाओं के उद्‌गम बिंदु के बारे में सोचती और अंतिम सिरे पर खड़ी लपट मारती अकथनीय मनोवेग के बीच अपने वजूद के कंपन को महसूसती।

मौसम के बदलाव के समय ऐसे कंपन अपनी थरथराहट को पूरे वातावरण पर पसरने देते।

उन हफ्तों में दिवस अलग-अलग नाम की पोशाक पहनकर पुराने रंगों को धो-पोंछकर नए चमक दमक भरे रंगों की प्रतीक्षा में एक-एक कदम आगे बढ़ने के क्रम लगे रहते और कृति कामनाओं की उज्ज्वल शिखाओं के समक्ष घुटनों के बल झुकी हुई।

वह अक्तूबर की एक शाम थी, जब साँझ की गौरवशाली गर्वित गर्दन के ऊपर टिके स्वच्छ आसमान पर चंद्रमा पूरे का पूरा निकल आया था।

नीबू रंग के छींटदार सलवार दुपट्टे के बीच प्लेन पीला कुर्ता, गले की गहराई के समक्ष थोड़ा और नीचे झुक पड़ा था। चंद्रमा आकाश में ऊपर उठ गया था। तभी एक बार फिर कृतिका की कामनाएँ लपट मारतीं पूरे बरामदे से लेकर लॉन तक पसर गई थीं।

उस रात लॉन की सतह पर चाँदनी थी। निर्मल स्वच्छ बरामदे की बड़ी-बड़ी खिड़कियों के बीच बैठी वह कृष्णचूड़ के पत्तों के मुकुट के ऊपर चंद्रमा को ऊपर चढ़ते हुए देखती रही।

उसके चारों ओर, आगे पीछे, दाहिने बाएँ, ऊपर नीचे, हर ओर उस रात एक अनदेखी साँस घिर आई थी, उद्वेग से उद्वेलित सूक्ष्म चरण उसके करीब चले आए थे, एकदम निकट। हर ओर अनदेखा सुनहरा आवरण झिलमिला उठा था। कुछ सुर थे, जिनके अंदर मादल के थाप की गंध थी, वे ही सुर एकदम निकट चले आए, कृति की साँसों के करीब।

कृति ने पाया कि एक बार फिर सीपी का मुख खुल रहा था अनुभूति अपने को गढ़ रही थी। ऐसा अकसर लोगों की सभ्य भीड़ और खुशनुमा माहौल के बीच होता या फिर सुंदर शामों में पार्टियों के बीच जाने के बाद स्थित समय खंड में। वक्त उसके लिए पावन भूमि की तलाश करता। कृतिका देखती कि पार्टियों के अंदर स्थित थोड़े से गैप के बीच स्त्री-पुरुषों के इस झुंड से उस झुंड तक विचरने के क्रम में वह अनजाने ही बार-बार फिर सीपी के खुले मुख के बीच पग धर देती।

मन की अंदरूनी सतह पर वक्त यही माहौल तब रचता, जब भरी हुई जीप-कार पर सवार पिकनिक जाते लोगों के बीच कृति उत्फुल्लित मन प्राण लेकर बैठी रहती।

उस वक्त न जाने कौन-सी हवा की तह उन सभी के बीच मौजूद रहा करती, जो उसके अपने अंदर छुपी संवेदनाओं के किसी खास हिस्से को छू लिया करती।

वह छुअन कृति को नरमाहट से भर दिया करती, उसकी नसें ऐसे में तन जाया करतीं।

खून का दौर हृदयपटल को धक् से भर दिया करता।

कृति घंटों के लिए मौन हो जाती।

वह मौन रहकर अपने करीब स्थित सभी चैतन्यित, स्फुरित वलयों को महसूसती।

कृतिका का मौन उसे सुर्ख गुलाब की पटलियों की तरह चारों ओर से मूँद लेता, परागकणों की सुनहली आभा से सराबोर।

वे सर्दियों के शुरुआती पाँवों के मौसम की चादर से बाहर निकल आने के दिन थे, जब जयंत सात बजे वाली ट्रेन से ड्यूटी चले जाते। और उन सुबहों में कृति को ऐसा लगता जैसे पूरा दिन सामने खाली पड़ा हो और करने के लिए कोई खास काम लक्षित न हो।

ऐसे में किनारे वाले कमरे में पूरबवाली खिड़की खोलकर कृतिका पलंग पर बैठ जाती। ऊँचे स्प्रिंगदार पुराने पलंग के मोटे गद्दे पर बैठने पर कृति के पैर जमीन से ऊपर ही उठे रहते। उसी मुद्रा में बैठी हाथों को गोद में रखे हुए वह राड लगी खिड़की के बाहर देखती। वहाँ धूप में आम के गहरे हरे पत्ते चमचमा रहे होते। पूरे बगीचे में धूप की गर्म चादर एकदम हल्की पारदर्शितापूर्वक पसरी रहती।

ऐसी ही एक सुबह उसने जॉन एशबेरी की कविताएँ पढ़ीं। उन से उठती हुई एक अलग किस्म की बयार ने कृति को छू लिया।

उसने समुद्र किनारे बैठे चित्रकार के बारे में सोचा, जो पोर्ट्रेट बनाने बैठा था और वहीं चित्रकार के कार्यकलापों को भाँपते दूसरे लोग बैठे थे। कृति ने चित्रकार को पोर्ट्रेट बनाने की तैयारी करते हुए देखने की चेष्टा की और समुद्र में ब्रश डुबाने का प्रयास करते हुए भी।

चित्रकार को कई मंजिली इमारत से फेंक दिए जाने की बात और समुद्र द्वारा उसके कैनवास और ब्रश के ले जाए जाने की बात के बारे में कृतिका ने सोचा। पता नहीं फिर क्या हुआ कि उसका मन कविताओं सें उस सुबह हट गया। और उस नर्म सुबह में गर्म समुद्र की गरमाहट कृति के करीब चली आई। उसने बार-बार चित्र, चित्रकार, कैनवास और ब्रश-पेंट के बारे में सोचा। कृति की कल्पना में उसका अपना स्व ही चित्रकार बना चला आया, जो समुद्र रूपी प्याले में वक्त का ब्रश डुबो डालता है और कालखंड पर स्मृतियों के चित्र उकेरने लगता है।

ऐसे अद्‌भुत चित्रकार के बारे में कृति ने सोचा।

सुबह आगे बढ़ती रही, कृति की सोच थम गई–

''माँजी, खाना क्या बनाएगा?''

जाधो का सवाल कमरे के दरवाजे पर मुँह खोलकर खड़ा हो गया।

जयंत ड्यूटी पर यहाँ-वहाँ जाते, कृतिका भी साथ जाती। नए शहर, अनजाने प्रदेश की ओर जाते हुए यात्राओं के बीच ज्यादातर वह खिड़की के निकट बैठती, ट्रेन के साथ-साथ हवा किसी नटखट बच्ची की तरह भागती, जब ट्रेन की रफ्तार तेज होती तो वह झन्नाटे से दौड़ पड़ती, रफ्तार के धीमी होते ही वह भी धीमी गति से चलती, खिड़की के पास बैठी कृति के हल्के बाल पीछे की ओर ध्वजा की तरह फहर उठते।

ट्रेनों की पटरियाँ तेज रफ्तार से दौड़नेवाले पहियों का इंतजार करतीं, जो अपने कंधों पर पूरी बोगी का भार उठाए निरंतर दौड़ने को तैयार खड़ी रहतीं। पटरियाँ और बोगी दोनों हर समय सवारियों के इंतजार में रहते। कुलियों का और जाने अनजाने यात्रियों का साथ अनजानी दिशाओं को जाने वाली यात्राओं के बीच बार-बार होता।

साफ-सुथरे धुले-पुंछे बोगी के अंदर कायदे से जमाए गए बर्थ कृति को यात्रियों के इंतजार में लीन दीखते और यात्री ट्रेनों के इंतजार में। आगे की ओर जाने वाली यात्राओं के इंतजार में।

कृति को महसूस होता कि एक प्रतीक्षा अपने लुभावने पंखों को यात्रा के शुरुआती लम्हों में धीरे-धीरे खोलती है और सभी पटरियों, ट्रेन के सभी डिब्बों और तमाम यात्रियों के बीच उन पंखों की गतिमयता एक साथ पसर जाती है।

प्रतीक्षा के बीच सभी अपनी-अपनी बारी के इंतजार में दीख पड़ते।

कृति को लगता कभी ऐसा भी होगा क्या कि हृदय के अंदर स्थित जीव बिना किसी ट्रेन के, कार के, हवाई जहाज के किसी अनजानी यात्रा पर जाएँगे? तय है कि सभी जीव अलग-अलग जाएँगे। अपने-अपने तयशुदा लोकों को। लेकिन जाने के पहले जीवों को अपने-अपने गन्तव्य का पता है क्या? कृति उस गंतव्य के बारे में सोचने की कोशिश करती, ऐसे में एक अकुलाहट मानस को दबोचने को आगे बढ़ती।

उसका मन उसे बताता कि सभी एक-एक करके अपनी यात्राओं पर जाएँगे तो अवश्य, लेकिन कब और कहाँ यह शायद किसी ने निश्चित करने की नहीं सोची। यह

निश्चित कर पाना शायद मनुष्यों के लिए संभव नहीं है। कृति उपनिषदों में वर्णित उस अतिमानव के बारे में सोचती जो एक दिन सबों को देवयान मार्ग और धूममार्ग से उन यात्राओं पर ले जाएगा जिसके बीच चंद्रलोक, सूर्यलोक और पूरा नक्षत्रलोक पसरा पड़ा है...

...आयु के पूर्ण होने पर, मरने पर कर्मवश परलोक की ओर प्रस्थान किए हुए जीव को अन्त में अग्नि के प्रति समर्पित किया जाता है प्राण के प्रयाण के अनंतर जीव अर्चिभिमानी देवताओं को, आदित्य को, विद्युत को प्राप्त होकर देवयान मार्ग से जाते हैं...गृहस्थ, जो इष्ट, पूर्त और दत्त विधि से उपासना करते हैं वे धूम को प्राप्त होते हैं और भू-मार्ग से पितृलोक और चंद्रमा को प्राप्त होते हैं...

...लेकिन जो अशास्त्रीय प्रवृत्ति वाले होते हैं वे ऊपर वर्णित किसी मार्ग द्वारा नहीं जाते, क्योंकि वे न उपासना करने वाले होते हैं न ही इष्टादि कर्मों का सेवन करने वाले। इस प्रकार के क्षुद्र प्राणी बारम्बार जन्म लेने तथा मरनेवाले होते हैं, यही कारण है कि परलोक कभी नहीं भरता...

कृति को पुरातन पुस्तकों में उद्धृत विवरण याद आते।

नई जगहों में जाने पर पहली बार देखी गई रेलवे कॉलोनी भी कृति को अपनी दीखती, वहाँ की लंबी-चिकनी घुमावदार सड़कें, पेड़ों की छाँव में बाँहें पसारे अनजाने पाँवों की प्रतीक्षा में डूबी हुई दीखतीं।

ऐसे समय में कई प्रश्न, कई उत्तर कृति के करीब आ जाया करते। ऐसे प्रश्न जिनके बारे में पूर्ण जागृति काल के बीच उसने कभी सोचा ही न था। ठीक उसी तर्ज पर कई प्रश्नों के उत्तर भी अचानक सूझ जाया करते, अनसुलझाव की स्थिति से बेहतर सुलझाव की स्थिति के बारे में, वह सैर के बीच सोचा करती। गुलमोहरों के छितरे पत्तों की छतरी और सड़क की काली पीठ पर गिरे चटक लाल पंखरियों के बीच चलते हुए, एक ऐसी ही सुबह में कृतिका के समक्ष एक-एक करके रेलवे की अलबेली ब्यूरोक्रैटिक संरचनाएँ स्वयं को अनावृत्त करने लगीं—सबसे पहले उसे सुक्रतवासन के बारे में सुनी गई बातें याद आ गईं। अपने बैच का टापर सुक्रतवासन किसी घने परिवार से संबंधित था।

अच्छा हँसने मुस्करानेवाला सुक्रत काम भी खूब किया करता। उसके बारे में

उसके सीनियर अफसर तारीफ के स्वर में कहा करते कि वह थकता नहीं है। सिंहभूम जिले का ब्लैक काटन स्वायल बारिश के दिनों में फीट दो फीट धँस जाया करता। कर्व पर, गोलाइयों पर, आयरन अयस्क लाद कर बढ़ती बाक्स वैगन अरराकर गिर पड़ती और तब बज पड़ता डिवीजन में चिंचिआता हुआ हूटर।

सायरन की आवाज के संग सुक्रतवासन अपनी तैयारियों में लग पड़ता।

दल-बल के साथ वह साइट पर पहुँचता कभी आधी रात, कभी भरी दुपहरिया या ऐन शाम के पाँच बजे।

लोग बताते कि स्टाफ के सिर पर खड़े होकर गिरे हुए डिब्बे की पोजीशन को वह देखता, टूटे स्लीपरों को गिनवाता तरह-तरह के मेजरमेंट्स नोट करता और तब किसी भी लोहे के टुकड़े, पलटे हुए डिब्बे के कनेक्टिंग लोहे या आस-पास गिरे पड़े किसी पेड़ के तने पर बैठ कर वह रिकवरी को प्लान करता। सबसे पहले क्या उसके बाद क्या वगैरह वगैरह।

इसी बीच वह किसी स्टाफ को नजदीक के केबिन या स्टेशन की ओर कंट्रोल फोन पर डिवीजन में जरूरी सामानों के बारे में खबर देने के लिए रवाना करता।

इसके बाद वास्तविक 'रिकवरी आवर' की घोषणा होती, कंट्रोल फोन घनघना उठते 'आधा दिन, एक दिन, छत्तीस या अड़तालिस घंटे!'—काम खत्म होने पर टूटी-फूटी लाइन के दुरुस्त होने के बाद ही वह एक्सीडेंट साइट से लौटता।

सीनियर्स के द्वारा की गई सुक्रतवासन की तारीफ के पीछे उसकी वास्तविक काबिलियत अपना सर उठाती।

कॉलोनी में उठने वाली समस्याओं को, यूनियन के द्वारा न्योती जा रही मुसीबतों को, वह ढंग से एक-एक करके सुलझाता। स्टाफ कॉलोनी में इंस्पेक्शन के दौरान उसके द्वारा लिए गए एक अद्‌भुत निर्णय की बात लोग बार-बार दुहराते—

नयनपुर कॉलोनी के बीचोंबीच बने पुराने बड़े कुएँ को मुँदवा देने की बात पर यूनियन और प्रशासन के बीच उठी तकरार, उन दिनों अपने उठान पर थी। यूनियनवालों

का कहना था कि उस कुएँ में कई लोग कूदकर जान दे चुके हैं इसलिए उसका मूँद दिया जाना जरूरी है और प्रशासन का कहना था कि कुएँ को मुँदवा देने से गर्मियों में पानी की समस्या विकराल रूप धारण करेगी। सारी बातों को सुनकर, समझकर सुक्रत ने उस कुएँ की मुँडेर को आठ फीट ऊँचा उठवा दिया और उस जगह पर चौकीदार के रखने की व्यवस्था कर डाली।

लेकिन सुक्रतवासन की सर्विस ज्वायनिंग के लगभग बारह साल बाद बुरे दिन आ गए। कहीं किसी बड़े राजनीतिक निर्णय के अंतर्गत रेलवे-बोर्ड में पहली बार आडिट जनरल की ऊँची कुर्सी पर एक आडिट ऑफिसर जा बैठा।

आडिट ऑफिसर भी ऐसा जिसने चार्टर्ड एकाउण्टेंसी की पढ़ाई पढ़ी ही नहीं थी, हाँ ईर्ष्या के संदर्भ में वह पूर्ण प्रशासनिक स्तर पर शिक्षित था। उस महत्त्वपूर्ण पद पर बैठने के बाद मानों उसने चमड़े का सिक्का चलवा दिया—एक साथ सात सौ सिविल इंजीनियर्स के खिलाफ चार्जशीट इशू किए गए और तब भिन्न-भिन्न सच्चे झूठे कारणों वाले वे चार्जशीट कन्याकुमारी से कश्मीर तक, राजकोट से तिनसुकिया तक स्थित एइएन, डीइएन और डिप्टी-सबों को बेदर्दीपूर्वक थमा दिए गए।

तय है कि एक साथ एक ही वर्ष में अचानक इतने सारे क्लास वन इंजीनियरों का गला रेतने से अन्य कई अफसरों का, प्रोमोशन के संदर्भ में, बड़ा फायदा हो गया। वह तो खैर, अपने आप हुआ। लेकिन घाटे में पड़े, कर्तव्य को धर्म मानकर निभानेवाले कर्त्तव्यनिष्ठ और सिद्धान्तवादी सुक्रतवासन जैसे लोग।

सुक्रत के सिर भी कई चार्जेज धरे गए—कि उसने गैंगमैन ट्रेनिंग स्कूल का गठन क्यों किया? कि उसने रेलवे के लिए कम्प्यूटर क्यों खरीदा?

कि उसने डिरेलमेंट साइट की सही जानकारी हेडक्वार्टर को भेजने के लिए कैमरा खरीदने के पेपर पर साइन क्यों किया? वगैरह-वगैरह।

ढेर सारे 'क्यों' के बीच जब सुक्रत पूरी तरह घिर गया तो एकबारगी उसे समझ में हीं न आया कि ये सारे निर्णय तो उसने रेलवे प्रणाली की बेहतरी और उन्नति के ख्याल से लिए, तो कायदे से उसकी वाहवाही होनी थी, नाम मिलना था। लेकिन भारतीय ब्यूरोक्रैसी की नकारात्मकता के बारे में तब तक वह नहीं जानता था। और जब यह सचाई उसके समक्ष पूरी तरह अनआवरणित हुई तब तक देर हो चुकी थी। उसने पाया कि उसका कैरियर बर्बाद हो चुका, प्रमोशन की दौड़ में वह पीछे रह गया और

रेलवे के साथ घात करनेवाले लोग, रेल प्रणाली को कोई भी फायदा न पहुँचाने वाले लोग आगे बढ़ गये।

कृतिका को लगा जैसे उस सुबह उसके सामने से एक नकाब हट गया, कर्त्तव्यनिष्ठा की भारतीयता, प्रशासनिक अभारतीयता से अलग छिटक पड़ी। अभारतीयता का सच अपनी पूरी कड़वाहट के साथ वातावरण पर छा गया। सरेआम किसी कर्मठ व्यक्ति की कर्मठता के बदले दी गई सजा उस सुबह अचानक सामने दीखते खाली मैदान पर धूल की नाईं उड़ने लगी।

एक खतरनाक धूल।

उस सुबह गुलमोहरों की छितरी छाँव तले चलते हुए पूरे समय कृतिका सुक्रतवासन के बारे में सोचती रही। उसके मानस में यह सारा सिलसिला एक बृहत्तर परिप्रेक्ष्य में उभर आया। एडमिनिस्ट्रेटिव लॉ में पढ़ाये जानेवाले महत्त्वपूर्ण अध्याय में वर्णित तथ्य।

कृतिका ने सोचा कि ढंग से विश्लेषित किया जाय तो रेलवे नामक प्रणाली में यदि कर्त्तव्यनिष्ठ व्यक्ति को चार्जशीट और पनिशमेंट देकर सीधे-सीधे गलत ठहराया जाता है, तो प्रशासन के मानस से जुड़े संवेदनशील तन्तुओं के बारे में सोचना भविष्य के दर्पण में उठती काली आँधी को आते हुए देखने जैसा है। ठीक है सुक्रत या सुक्रतवासन जैसे लोग अपने तईं इस सारी नाइंसाफी को झेल लेंगे, बिना कोई जुर्म किए हुए जुर्म की सजा भुगत लेंगे, सारा गरल पीकर नीलकंठ की तरह कहीं शोभित भी हो लेंगे, लेकिन अगली और उसकी भी अगली जमात क्या करेगी। तय है कि नए आनेवाले जूनियर, सीनियर अफसर क्या भविष्य में किसी भी ऐसे काम को करने का बीड़ा क्या उठाएँगे, जिससे इस प्रणाली की बढ़त हो? हित हो? इसकी सुचारुता और बढ़े? यह उन्नति करे? नहीं। आगे शायद ऐसा नहीं होगा। लोग काम तो करेंगे ऑफिस भी जाएँगे, लाइन ड्यूटी भी जाएँगे, लेकिन जिस-जिसको सुक्रतवासन का किस्सा पता रहेगा, वह रेलवे के हित के पक्ष में भूलकर भी न सोचेगा, ट्रैक की दुरुस्ती जल्दी हो—इस पर ध्यान न देगा। और तब भविष्य में यह एक सत्य, प्रथा की तरह उभर आएगा कि अपनी ड्यूटी करो, पास-पीटीओ इस्तेमाल करो, रेस्टहाउस और सैलून का सुख उठाओ, बोर्ड की पोस्टिंग और फारेन ट्रिप के मजे लो, रेलवे का नमक खाओ, लेकिन! लेकिन ऐसे निर्णयों को टाल दो, नकार दो, जिनमें रेल-हित की बात छुपी हो।

और इस तरह एक नए तरह के मुखौटे तले यह प्रणाली धीरे-धीरे ढहने की कगार पर पहुँच जाएगी, टुकड़ों में बँट कर बर्बाद हो जाएगी। लेकिन कितने दुःख की बात होगी कि अपने नकारात्मक निर्णयों के बल पर इतनी सुंदर सुगठित प्रणाली को ढहाने की कगार तक पहुँचा देनेवाले अफसर अपनी अलबेली नौकरशाही की बदौलत शान से समाज में निश्चित होकर विचर रहे होंगे और यह प्रणाली नष्ट हो रही होगी।

कृतिका के समक्ष उस सुबह एक झूठे लोकतंत्र के अलोकतांत्रिक बिम्ब पूरी शिद्दत से उभर आए।

जाड़े के नर्म शुरुआती दिन न जाने कब चुपचाप आए गए थे। सुबह की हवा हरी पत्तियों की हरिआई हुई गंध से बोझिल रहा करती। शामें सुनहली रश्मियों की कौंध और उन्नाबी सायों के बीच परवान चढ़तीं उन रेशमी रेशों के बीच से रात धीमे से दरख्तों की फुनगियों तक तैर आती।

उन शामों में कृतिका जयंत का इंतजार किया करती। ऑफिस बंद हो जाने पर वह लाइन की तरफ वाले बड़े गेट की ओर चली जाती और ध्यान लगाकर कहीं दूर से ट्राली के फट्-फट् की आवाज सुनने की कोशिश करती। जब दाएँ-बाएँ कहीं से भी मोटर ट्राली के इंजन की आवाज नहीं आती तो वह वापस जूही के मेहराब की तरफ लौटती, वहाँ की सीमेंटेड साफ जगह पर खड़ी होकर गमलों को देखती, उनमें पानी डाला गया या नहीं इसे देखती। वह पूरे बगान में लगे पेड़-पौधों को, फूलों को देखती।

ऐसी शामों के बीच कभी-कभार सीनियर क्लर्क राव की छोटी लड़की मीना मद्रासी लहँगा चोली पहने कॉलोनी की तरफ खुलने वाले छोटे गेट को खोलकर घुस आती। वह कृति के बिलकुल निकट आ जाती।

"हमारा माँ दिया है।"

हाथ में पकड़े हुए हल्के नारंगी रंग के नन्हे पुष्पों से बने हुए बित्ते भर के गजरे को वह कृतिका की ओर बढ़ाती और तुरंत ही वापस भागने के लिए तत्पर हो उठती।

कृतिका गजरे को हाथ में लिये-लिये पूरे बगान में घूमती। वह अपने एकांत के अंदर से शाम को घिरते हुए देखती।

शाम धीरे-धीरे पूरे तौर पर घिर आती। बिना कृतिका के अंदर स्थित सलोने एकांत को नष्ट किये हुए। कॉलोनी की शांति कृति को मोह लेती। कहीं कोई शोरगुल, दबाव नहीं। बस चिड़ियों की आपसी नोकझोंक और अपने-अपने घोंसलों में जाने के पहले की उनकी छोटी-छोटी तुरत-फुरत वाली उड़ानों की हलचल।

शाम जब पूरी तौर पर अपनी सलेटी तहों का पसारा बड़े आम के पेड़ से लेकर दूर बिछी पटरियों तक फैला देती तो कृतिका बरामदे की सीढ़ियाँ चढ़कर ड्राइंगरूम में आ जाती और पढ़ना शुरू कर देती।

अपने अकेलेपन को सँवारने की कोशिश में वह किताबों के बीच रहती। स्वयं को शिकायती बीवी में न तब्दील होने देने के निर्णय तले कृति लगातार घंटों पढ़ती। जब पढ़ते-पढ़ते थक जाती तो फिर उठकर बाहर टहलने लगती।

वहाँ कृति का एकान्त उसके साथ चलता, छोटे गेट से लेकर बड़े गेट तक। बड़े गेट से वापसी के त्रिकोणिक बिन्दु पर खड़े जामुन के पेड़ तक। जामुन के चिकने तने से टकराकर, वहाँ पसरा सन्नाटा पिघलने लगता। पिघलकर वह चिकनी हरी पत्तियों की नोक पर वाष्प की तह के रूप में सिमट आता। कृतिका बाहर टहलने के क्रम में पाती कि यदि रात ज्यादा हो गई होती तो चौकीदार अपनी लाठी सँभाले सतर्क खड़ा दिखता। वह बराबर माँजी के पैरों पर नजर रखता। चौकन्नी निगाह।

चौकीदार को पता था कि माँजी को नहीं पता है कि बंगले के आसपास झाड़ियों में साँप छिपे रहते हैं। कृतिका को सच में नहीं पता था।

एक शाम देर तक वह बाहर की सीमेंटेड जगह में लतर वाले मेहराब के नीचे बैठी, वहीं जलते बल्ब की रोशनी में पढ़ती रह गई।

जाधो चाय लेकर आया।

चाय रखकर वह हिला नहीं।

"क्या बात है?"

कृतिका ने सिर उठाया।

''क्या बोलेगा। यहाँ इतनी शाम को बइठना उठना ठीक नहीं है।''

''क्यों? चौकीदार तो है वहाँ, ठंड भी नहीं है।''

''आपको अब क्या बोलेगा। सुनता नहीं तो। वहाँ उधर। आम के पेड़ के भीतर रहता है। खोह में। कई बार चौकीदार खुद देखा है।''

जाधो ने दोनों हाथ फैलाकर रस्सीनुमा भाव दिखलाकर बताने की चेष्टा की।

''साँप!''

कृति झटके से समझ गई।

उस शाम के बाद कृति ने अपने अंदर नए किस्म के भय की गंध को जनमते देखा। उन्हीं शामों में कृतिका ने रेल इतिहास को पढ़ना शुरू किया। आशुतोष चटर्जी ने अपनी बात निभाई थी। उन्होंने रेल-इतिहास की कॉपी भिजवाई थी।

कृति ने तहेदिल से उनके प्रति अपने शुक्रगुजार होने को महसूस किया।

कृति ने पढ़ना शुरू किया।

इतिहास जो सत्यता के कई अलग-अलग वलयों से मिलकर बना हुआ एक बड़े वृत्त की तरह था, जिसके अंदर जलजलों की शुरुआती गंध थी, उस गंध में बीत चुके समय के चिह्न थे और आने वाले भविष्य की पदचाप थी। चक्रवात के प्रथम बिंदु का आभास उन पन्नों पर था जो अपने निर्मित होने के साठ-सत्तर साल बाद पूरी तरह राष्ट्र पर छा जाने वाला था।

रेलवे के बारे में संपूर्णता से पढ़ते हुए, उसे जानने के क्रम में कृतिका ने अचानक बहुत कुछ जान लिया। उसने बोर्ड और उसके नीचे गठित जोन की संरचना जान ली। वहाँ की कार्यप्रणाली और कार्यों की तह में छुपी हुई स्वघाती छुरियों की उपस्थिति के बिम्बों को मन में चिन्हित किया।

कृति ने कई ऐसी बातें जान लीं जिस पर कई बड़े-बड़े सीनियर लोगों ने अपनी पूरी नौकरी के दौरान गौर करने की शायद जरूरत नहीं महसूस की थी।

हालाँकि उनके द्वारा व्यवहृत नियम हूबहू वही थे, जिनकी ओर अलिखित संहिताएँ रह-रह कर इशारा करतीं, मसलन—'नौकरी करते हुए सिर्फ अच्छे ताबदार की तरह व्यवहार करना चाहिए, सिस्टम के भले-बुरे की परवाह करना किन्हीं और लोगों के जिम्मे है।'

यह एक ऐसा विचित्र सत्य था, जिस पर विश्वास करने को जी नहीं चाहता था। लेकिन अविश्वास करने का कोई ठोस कारण भी न था।

एक एक करके कृति ने काफी कुछ पढ़ा। कब रेलवे बनी। कैसे बनी। कैसे-कैसे एक-एक जोन बनाए गए, डिवीजन की संरचना की गई और मूल में गठित तत्त्व उभरकर समाज की सतह पर छा गए। बिजनेस और आराम।

स्काटिशों द्वारा तय किए गए अलिखित कानून और अंग्रेजों द्वारा चलाई गई परंपरा। कृतिका ने तब बीएनआर और वेस्टर्न जोन के बीच स्थित फर्क को जाना।

कृतिका को बीएनआर के डीएओ द्वारा बताई गई बात याद आई। उसने अपनी नई नवेली पत्नी के साथ बंबई घूमने जाने का किस्सा सुनाया था—

"बंबई में मेरा बैचमेट पोस्टेट था। वहाँ के डीएओ ने हमें खाने पर बुलाया था। कोलाबा में। क्या शानदार कॉलोनी है और क्या फ्लैट। एकदम फाइव स्टार। वहाँ बैठकर मेरी पत्नी ने मुझसे धीरे से पूछा था कि क्या हम दोनों एक ही सर्विस में हैं। मैं तो कट कर रह गया था।"

इस किस्से को कृतिका ने सुनने के समय खास कोण से नहीं देखा था। लेकिन समय बीतने के साथ अनजाने सत्य अनचाहे ही आसपास बरस उठते।

ठंडे ओलों की तीखी मार। दूर-दूर तक कोई शेड नहीं। छुपने की जगह नहीं।

धीरे-धीरे आगे जाकर कृति ने स्वतंत्रता के तुरंत बाद के वर्षों में गठित की गई नई संरचना के मूल बिंदु, उसके सोशियो-इकॉनॉमिकल स्ट्रक्चर की, प्रथम धमनी की,

धड़कन को भी पहचान लिया और यहाँ पहुँचकर कृतिका दंग रह गई।

उसे सारा तामझाम, तामझाम के नकाबों के पीछे छिपे सारे उन्नीस-बीस समझ में आ गए।

कृतिका के मन ने आगे पढ़ने से इनकार करना शुरू कर दिया; लेकिन तब तक देर हो चुकी थी उसे आगे और आगे जाना ही होगा और फिर उसे धीमे-धीमे आज की ताजी तारीख तक पहुँचना होगा। इस बीच रेल के सुंदर चेहरे पर से नकाब की कई परतें उतर जाएँगी और कुरूप से कुरूपतर चेहरा सामने आता जाएगा। ठीक बचपन में पढ़ी गई जादूगरनी के सैकड़ों साल पुराने बुढ़ाए जर्जर पड़े चेहरे की तरह।

कृतिका ने जादूगरनी की कहानी को याद करने की चेष्टा की, जिसने अपने जादू के जोर से अपने बुढ़ाए हुए चेहरे को छुपा रखा था और नवयौवना के जादुई अक्स के पीछे वह तमाम वर्षों तक समाज में निश्शंक विचरती रही थी। एक दिन नायक उसे जादुई आईने के सामने ला खड़ा करता है और जादूगरनी का झुर्रियों भरा सौ साल पुराना भयानक चेहरा वहाँ कौंध उठता है।

कृतिका जानती थी कि वह उस नायक के रोल में नहीं थी।

कृति का वास्तविक रोल आखिर क्या था?

उसकी अपनी समझ में वह पत्नी के रोल में थी, माँ के रोल को भविष्य में स्वीकार करने वाली थी। वह भूल चुकी थी कि वह साइंस की ग्रेजुएट थी और कभी कोई केस न हारने वाले एडवोकेट पिता की संतान भी।

कृतिका इस बात पर भी नहीं सोचती थी कि उसे स्वतंत्र लोकतांत्रिक देश के जागरूक नागरिक के रोल को निभाना चाहिए या नहीं। वह एक आम इंसान की तरह इन द्वन्द्वों से परे थी, लेकिन शायद मुक्त नहीं।

उसके अंदर बैठी मर्यादित नब्ज उसके अचेतन को सहलाती रहती, उसके अचेतन के अंदर पैठी तीक्ष्ण बुद्धि उसके मन को सचेत करती और उसका मन?

वह दिग्भ्रमित था।

अनजाने ही कृति ऐसे अनदेखे तारों में उलझ गई थी जिनके अनसुलझे बने रहने में ही कइयों का स्वार्थ निहित था और इन धागों को किसी भी तरह सुलझाया नहीं जा सकता था। सभी लाइनों से लेकर पहियों, डिब्बों तक के पैर इन्हीं धागों के बीच समाए हुए थे।

पूरा कर्मचारी वर्ग इनके बीच लिपटा पड़ा था, अफसरी की सारी सूतें इन्हीं धागों के बीच से होकर निकली हुई थीं।

सारे राष्ट्र की अलग-अलग तरह की नसें इन अनसुलझे धागों से उलझी हुई थीं—कई आर्थिक नीतियाँ, आवागमन के मूल सिद्धांत, वोटों-नोटों का समाजीकरण, बदलते सामाजिक मूल्य और नैतिक मान्यताओं की आवाजाही।

एक ओर दक्षिण के अफसरों का सादे रहन-सहन वाला ग्रुप था, जो सिर्फ अंग्रेजी या अपनी भाषा बोलना पसंद करता था। उनकी स्त्रियाँ हीरे पहनतीं और सीधी-सादी जीवन-पद्धति अपनातीं तथा पूजा-पाठ का विशेष ध्यान रखतीं। दूसरी ओर चमक-दमक की जीवन-पद्धति में डूबा हुआ पंजाबियों का ग्रुप था, जो दक्षिणवासियों को चटाई पर सोनेवाला बताकर उनकी खिल्ली उड़ाया करता। एक और तरफ जमालपुर से निकले अफसर थे, जिनके बारे में किसी भी जमघट में शान से कहा जाता कि वे—जमालपुर के हैं। एक और तरफ रुड़की से आनेवाले इंजीनियरों का हुजूम था। लंबी बारादरियों में यह अफवाह भी रह-रहकर सर उठाती कि धीरे-धीरे बनिया परिवार से आए लोगों की संख्या वहाँ बढ़ती जा रही है। उन प्रोबेशनरों, अफसरों के बारे में कहा जाता कि वे दुकानदारों, व्यापारियों के घर से आए हुए लड़के हैं जिनके खानदान में नौकरी की परंपरा पहले नहीं रही है।

रेल की एक बेहद बड़ी दुनिया थी, जो अब कृतिका के सामने कतई अनोखे अंदाज में आकार ग्रहण कर रही थी।

क्या यह कृति की भूल थी कि उसने रेल-इतिहास पढ़ना चाहा? अपने द्वंद्वों से रू-ब-रू होते हुए कृतिका कई बार यह सोचती।

लेकिन उसने पढ़ना नहीं छोड़ा।

बीच-बीच में वह फिक्शन या कविताएँ भी पढ़ती, लेकिन मुख्य रूप से उसका ध्यान इतिहास पर था।

उस इतिहास को पढ़ने के क्रम में कितनी ही बातें कृतिका के सामने क्रमवार रूप से उभर आतीं। वह सत्यों और तथ्यों को सहेजती।

कृतिका के सामने प्रशासन के अलग-अलग पहलू अपने स्वरूप में एक-एक करके उजागर होने लगते। डिरेलमेंट होने की तह में असली मुद्दे कौन से हैं, इसकी हल्की सी रूपरेखा को कृति ने देखा। डिप्टी की पोस्ट तक पहुँचते-पहुँचते बिना बूढ़ा हुआ इंजीनियर झमेले वाली जगहों में रहते-रहते क्यों बुढ़ापे की परछाईं तले घिरा दिखता है—इस तथ्य को कृतिका ने पहचाना। नए खलासियों की भर्ती में यूनियन लीडर, छुटभैये नेताओं तथा अफसरों और पालिटिशियनों के स्वार्थों के अनवरत घालमेल को उसने पहचाना। सहज सुचारु प्रणाली में धीमे जहर की नाईं घुलते जाने वाले तथ्य को भी कृतिका ने जाना।

अफसरों की पत्नियाँ क्यों झूठे दंभ तले घिरी हुईं उम्र बढ़ने के साथ-साथ भारतीय स्त्री के स्वरूप को बिलकुल ही खो दिया करती हैं, उनका अधबुना व्यक्तित्व क्यों आजन्म अधूरेपन से घिरा रह जाता है, इसे भी उसने पहचाना।

कृति एक नए मानसिक धरातल पर प्रविष्ट हो रही थी वह नए तथ्यों से परिचित होने के क्रम में सत्यों, भुलावों, छलावों से रचित भूल-भुलैया के बीच घिरती जा रही थी। उसे अब पूरी प्रणाली एकदम अलग ढंग की दिखती। सालों-साल अपने-अपने गुरूर में डूबे अफसर मूर्ख नजर आते। महीनों-महीना लगातार रेल की उन्नति की खातिर खटते अफसर बिचारे नजर आते। अच्छी क्रीम पोस्टिंग्स पर जमे रहने वाले, फॉरेन ट्रिप पर सरकारी खर्च पर जाने वाले अफसर, जो लौटकर अपनी उस ट्रेनिंग की बदौलत रेल को एक जर्रा भी फायदा नहीं पहुँचाया करते, वे सभी कृतिका को काइयाँ और धूर्त नजर आते।

और इन सभी नियम कानूनों को प्रश्रय देनेवाली प्रशासन प्रणाली उसे बड़ी दीमक लगी इमारत जैसी नजर आती, लंबे टाइटैनिक जहाज जैसी दिखती, जिसकी दीवार की तरफ हिमखंड, हिमशैल की शक्ल में बढ़ रहा था। वह दुहरी दीवार को फाड़ डालेगा पूरे जहाज को डुबो देगा।

कोई नहीं बचेगा, न अफसरी, न नकारात्मक प्रशासनिक नियम और न झूठे दंभ तले घिरी भयावह मानसिकता।

मनाकाश में विद्युत की कौंध-सी लहकती।

भविष्य का यह स्वरूप कृतिका को दुःख से भर देता।

सफल व्यापारिक नियमों की शुरुआत को लेकर शुरू की गई प्रणाली के भयावह अंत की चिंता कभी-कभार कृतिका को उद्विग्नता से भर देती।

वह किसी न किसी प्रबुद्ध व्यक्ति से इन बातों पर चर्चा करना चाहती। लेकिन उसके अपने मित्रों में जो भी लोग थे, उनकी रुचि इस मसले से हटकर थी। वे चेखव और मोपासां की रचनाओं पर बहस तथा रिल्के और ब्रेख्त पर घंटों बकझक कर सकते थे। लेकिन रेल तथा प्रशासन पर बात कर पाना उनके लिए नामुमकिन जैसा था। हारकर वह जयंत के संगी-साथियों से इस विषय पर बात करने की सोचती।

जयंत चिढ़ जाते–

''तुम इन बातों में अपना सिर मत घुसाओ। भले तो लिटरेचर पढ़ा करती हो वही करो।''

कृति समझ नहीं पाती भूल कहाँ हुई।

बीच के गुजरते लम्हों के साथ समय हल्के बहाव के नामालूम से अहसास तले बेआवाज बहता रहता। रेल पटरियाँ अपनी पूरी लंबाई तक फैली, बीच के लुभावने मोड़ों के घुमाव पर घूमकर नई जगहों तक जाने का दिखावा करती हुई पसरी पड़ी रहा करतीं।

समय के अलग-अलग टुकड़ों में कृतिका ने कई और नई जगहें, नई कालोनियाँ देखीं। वह जयंत के साथ अकसर उनकी ड्यूटी के दौरान जाती। कभी ट्रेनिंग, कभी छुट्टियों के दौरान वे अनजान नई जगहों पर साथ जाते। सईनी, चाईबासा, नोआमुंडी, मनोहरपुर, देवसाल, बंबई, खंडाला, अहमदाबाद, हावड़ा और राउरकेला।

कई जगहों पर वे ट्रेन से उतरकर प्लेटफॉर्म पार करके शहर की ओर चले जाते। कई अन्य जगहों पर यह संभव न हो पाता। जयंत लाइन इंस्पेक्शन के लिये ट्राली पर बैठकर अगले पिछले स्टेशनों की ओर चले जाते। कृतिका वहीं स्टेशन बिल्डिंग में बने रेस्ट हाउस में जयंत के लौटने का इंतजार करती रहती। ऐसे में अपने पढ़ने की आदत

के प्रति वह कृतज्ञता महसूस करती। अपने परिवार से मिले हुए इस विरासती गुण के प्रति नत होती। वह उन पत्नियों के प्रति सहानुभूति से भर उठती जो लगातार पतियों की व्यस्तता से बेजार परेशान रहा करतीं। वे चार दिन तक पति के लाइन ड्यूटी पर रहने से नाराज रहा करतीं। वे उनके साथ जाना पसंद नहीं करतीं। वे कहतीं कि वहाँ रेस्ट हाउस में अकेली वे करेंगी क्या। पढ़ने की आदत से उनका दूर-दूर तक कोई वास्ता न होता। प्रकृति के साथ संवाद स्थापित कर सकने लायक उनकी कूव्वत न होती। वे घर में पड़े रहना, लंबे समय तक सोना, कॉलोनी में गप्पें मारकर समय बिताना ज्यादा पसंद करतीं।

स्वाभाविक नियमों के अनुरूप हर जगह महिलाओं के अपने ग्रुप थे—उन ग्रुपों के अंदर सहज, शांत स्वभाव वाली स्त्रियाँ थीं, बेलगाम स्त्रियाँ थीं, खुद्दार स्त्रियाँ थीं, चमची स्त्रियाँ थीं।

कृतिका स्त्रियों के एक बड़े हुजूम के अंदर स्वयं को पाती।

महिला गोष्ठियों में किस्से-दर-किस्से चल पड़ते। एक के बाद दूसरा, दूसरे के बाद तीसरा। सबके सिरे कहीं न कहीं आपस में जुड़े हुए दिखते।

किस्सों की पिटारी कभी भी, कहीं भी खुल पड़ती। बिना किसी खास सूचना के, किसी के घर हुई पार्टी में, क्लब डे के दिन, लेडीज मीटिंग के दौरान। कई बार ये किस्से सुनी-सुनाई घटनाओं का ब्यौरा न होकर ठोस चुगली की शक्ल अख्तियार कर लेते।

ऐसे मौके बार-बार आते, जब वैसी किस्सागोइयों के बीच से कृति उठकर भाग जाना चाहती, लेकिन उसे पता था कि यह हरकत शिष्टाचार के खिलाफ होगी। लेकिन वहाँ जो कहानियाँ कही-सुनी जातीं वे किसी भी नियम के तहत शिष्ट नहीं कही जा सकती थीं।

डिवीजन जाने पर ऐसी महफिलों में कभी-कभार वह जाती। उन स्थितियों में किस्सों को न सुन पाना, वहाँ से उठ जाना, संभव न हो पाता। यदि वहाँ वह स्वयं ही मेजबान होती, तब और भी मुश्किल। ऐसे में वह मन ही मन माँ के द्वारा प्रयुक्त लहजे को अंदर ही अंदर दुहराती—

हे मन! तू सु ऽ नऽ!

इ हे सब किस्सा तु सु ऽ नऽ!

ए ही ला तू एतना पढ़लऽ!

लिखलऽ!

पढ़-लिखके पंडित बनलऽ!

अब सब पढ़ाई-लिखाई के भूल जाऽ !!

कृति वहीं उन्हीं महफिलों के बीच बैठी मन ही मन झेंप जाती। झेंपते हुए कभी-कभार एक मुस्कराहट होठों से अनजाने ही फिसल पड़ती।

''ये लीजिए, तो मिसेज इंटेलेक्चुअल भी मुस्करा पड़ीं। मान गए भई दीप्ति तुम्हारे कहने के अंदाज में दम था।''

चुलबुली प्रीति, मिसेज दीप्ति सिंह की पीठ पर प्यार से मुक्का जड़ती। सभी एक साथ हँस पड़ते।

सबों के साथ कृति भी खुलकर हँस पड़ती। वही अपनी घंटियों वाली मधुर हँसी।

''ये किसकी मिसेज है?''

मिसेज कृष्णन ने बगल में बैठी एमएस की पत्नी से पूछा।

तुरंत कृतिका की हाजरी डीआरएम मेम साहब के सामने हुई।

बड़े वाले सोफे के सामने जाकर शिष्टतापूर्ण ढंग से कृति ने मैडम का अभिवादन किया।

''बैठो बैठो।''

उन्होंने अनपेक्षित स्नेह से भरकर पास बिठा लिया।

दो समानधर्मी महिलाएँ अनायास वहाँ उस जमीन पर, एक-दूसरे को मिल गई थीं। अपने आश्चर्य को छुपाते हुए कृति ने सुना कि मैडम ने कालेज में संस्कृत पढ़ी थी और वेदांत उनका एक पेपर था।

अचानक कृतिका ने वहाँ, उस नितांत विपरीत परिवेश में अष्टावक्र संहिता के श्लोकों की गूँज को ऊपर उठते हुए पाया, उन बिम्बों को आगे बढ़कर आकाश पर छा जाते हुए देखा—

'मुक्ति मिच्छसि चेत्तात विषयान् विषवत्त्यज..., मोक्षाकांक्षी व्यक्तियों को क्षमा, अर्जव, दया, संतोष और सत्यरूपी औजारों का प्रयोग जीवन में लगातार करना चाहिए।

'तत्त्यागो वासनात्यागात स्थिति रद्य यथा तथा'—कामना ही संसार है सभी कामनाओं का त्याग करना ही संसार का त्याग है।

बातचीत के दौरान कृति बार-बार शब्दार्थों के गूढ़ जाल के बीच उलझती रही, निकलती रही।

रेल की महिलाओं के बीच किसी ऐसी सौंदर्यवती महिला का मिल जाना सुखद आश्चर्य की तरह था। कृति के लिए यह सर्वथा नए अनुभव जैसा था। पूर्णतः अनपेक्षित/शायद दूसरी ओर भी यही स्थिति थी।

मैडम कृष्णन के प्रति कृति विशेष आदर दिखाती। बात सिर्फ उनके सही मायने में शिक्षित होने की नहीं थी, बल्कि उन्होंने जो एक भारतीय स्त्री के स्नेहशील रूप को, यहाँ इन छिछोरे मापदंडों के बीच भी साबुत बचाकर रखा हुआ था, उसी तत्त्व ने कृति को मोह लिया।

कृति को नहीं मालूम था कि जयंत ने डिपार्टमेंटल तौर पर कुछ कारस्तानी की थी, जो मिस्टर कृष्णन को नागवार गुजरनी ही थी, गुजरी भी थी। फिर भी ट्रांसफर जाने के पहले एक सुबह जयंत और कृति दोनों कृष्णन दंपति के घर नाश्ते पर निमंत्रित थे। मैडम अपने स्नेहिल स्वभाव के बीच सबों को इडली चटनी परोसती रहीं।

बीच-बीच में कृतिका छुपी निगाह से लक्षित करती कि अचानक मिस्टर कृष्णन गुस्से से भरी दबी निगाहों से जयंत को घूरने लगते, लेकिन तुरंत ही संयत होकर कहते—

"लो। यह लो पार्टनर। थोड़ी कॉफी और।"

कृति असमंजस में पड़कर रह गई थी। बाद में जयंत ने स्वयं ही सारा भेद खोला था। साथ ही मिस्टर कृष्णन के बड़प्पन को स्वीकारा था। हृदय से तारीफ की थी।

जयंत भी शायद बड़े हो रहे थे। मैच्योर।

शुभ संकेत की तरह इस सच ने बड़े वृत्त के रूप में अपने घेरे को बढ़ाया।

जयंत की सहधर्मिणी के रूप में कृतिका को इन वृत्तों की बंद रेखाओं के बीच एक खुलेपन की रचना करनी थी।

भविष्य में वह इस संरचना को रचेगी। कॉलोनी में स्थित अफसरों को पत्नियों की दिनचर्या को देख-सुन और परखकर बड़ी दीदी का पारा चढ़ जाता। वह दिनचर्या उनकी अपनी तथा जीजा जी की प्रोफेसरी की दिनचर्या से बिलकुल अलग थी। बड़ी दीदी तथा जीजाजी कड़े मेहनती नियम कानूनों के बीच जीते। अपना सारा काम वे स्वयं करते। बाजार से सब्जी लाने से लेकर आटा पिसाने तक का काम। वे अपने बच्चों की परवरिश का खर्च, अपनी लेक्चररशिप की, मेहनत की कमाई के बल पर उठाते। ऐसी कर्मठ तथा कार्यकुशल बड़ी दीदी को अफसरों की पत्नियों का दिखावा, उनके झूठे नखरे बेहद सस्ते नजर आते–

"बस, अब तुम भी स्लीवलेस ब्लाउज पहनकर लोल रंग लो, बन गईं अफसराइन।"

लिपिस्टिक लगाने को वे व्यंग्य से लोलरंगना इंगित करतीं।

कृतिका ने लिपिस्टिक तो लगाई लेकिन उसने अपनी मान्यताओं के ऊपर किसी भी रंग की बदरंगी छाप नहीं पड़ने दी।

कृति अपनी मान्यताओं के साथ रहेगी। चाहे पार्टियों में जयंत के साथ-साथ उसे भी औरों की ओली बोली क्यों न सुननी पड़े।

"जरूर मिसेज जयंत ने मना किया होगा, इसी वास्ते ये जयंत ड्रिंक नहीं लेता।"

आर्द्रा के टेरिटोरियल आर्मी मेस की पार्टी में हंगामा मचता–

"कृति दे दो न परमिशन।"

मेजर यादव कृति को हुक्म देने की अदा में अनुरोध करते।

जयंत के साथ-साथ कृति की भी खिंचाई हुआ करती। कहाँ तो पर्सनल ब्रांच की मिसेज माथुर उसी पार्टी में स्वयं एक दो पेग लेकर अपने पति की बाँहों में बाँहें डाले दो-दो घंटे डांसिंग फ्लोर पर जमी रहतीं और कहाँ उसी पार्टी में जयंत कोक के गिलास में सोडा मिलाकर उसके रंग के बल पर हाथ में ड्रिंक होने का स्वांग रचते। छत से लटके रोशनियों के गोल हंडे बार-बार हिल जाते। उनके एक-एक बल पर सैकड़ों रश्मियाँ छिटक उठतीं। मेस की दीवार पर रोशनी के नन्हे जुगनू रेंगने लगते, उन सबके बीच कृति का मन भी डोल उठता।

पार्टियों के दौरान लगातार तानों को झेलती-झेलती अंत में एक बार कृति ने अपना मनोबल खो दिया था। उसने मिसेज वेंकटेश से पूछा था–

"मैडम, क्या मुझे जयंत को ड्रिंक करने के लिए एनकरेज करना चाहिए?"

दक्षिण भारतीय कर्नल वेंकटेश की पत्नी कृतिका से छोटी बहन जैसा स्नेह करतीं।

उनके सामने हिम्मत करके कृति ने अपना दिल खोल दिया था। संशय की तह को उघाड़ दिया था। बस एक बार।

"ओह नो नो! नॉट एट आल! क्या बोलते हो? ऐसा कभी नहीं करने का। हस्बैंड को ड्रिंक करने वास्ते कभी नहीं कहने का।"

कृतिका वापस अपने-आप में लौट आई थी। इस सोच के साथ कि वापसी का रास्ता दिखानेवाली मैडम वेंकटेश के प्रति अपनी कृतज्ञता को वह आजीवन याद रखेगी।

दुनिया में अच्छे लोग भी होते हैं। कई बार वे कृतिका को मिल भी जाते।

रेल से परिचिति का दौर बढ़ रहा था।

VI

परिचिति के अनावृत वृत्तों के बढ़ते जाने के दौरान समय हमेशा आगे-आगे भागता दिखता। कृति स्वयं को बड़े गोल दायरे के बीच स्थित असमंजस के सेतुओं के मध्य अवस्थित पाती।

ये घेरे काफी बड़े दिखते, इनके बीच के कई विषाक्त सिरे एक दूसरे से जुड़े हुए थे। उन मजबूती से जुड़े सिरों के बीच विषघुले व्यवहारों की अनदेखी लहर पूरी गोलाई के बीच उफनती रहती।

रेलशाही को खुली आँखों से देखने-परखने के सिलसिले के बीच कृति के साथ हमेशा कुछ निश्शब्द संगी, याददाश्त की शक्ल में रहा करते।

बीत चुके वक्त के गीले, सीलन भरे टुकड़े अनउगे वृक्षों की डालों पर लटकते दिख पड़ते। कृतिका को सिलासपुर क्लब के लाउंज में घटी घटना के विवरण याद आते।

तन्वी रूबी शर्मा के लहकते रूप सौंदर्य की शिखा की दीप्ति के कारण जली-भुनी अलुआ जैसी रंगतवाली मिसेज चौहान की याद किन्हीं शामों में कृति को आती।

डीआरएम की पत्नी होने के घोर अहंकार में डूबी मैडम चौहान की फुंकारती गर्जना वायुमंडल को झकझोरती हुई हाल की ऊँची छत से जा सटी थी—

"क्या तुम स्वयं को बहुत सुंदर समझती हो?"

अकचकाई हुई रूबी की नर्म मिमियाहट में प्रतिध्वनित उत्तर को चारों ओर खड़ी दीवारों ने फौरन सोख लिया था—

"नहीं तो! ये आप क्या कह रही हैं मैडम!"

दरवाजे के बाहर ठिठके हुए जूनियर इंजीनियर शर्मा की सकपकाहट और मिस्टर चौहान के घोर असमंजस की याद एक साथ कृति को आती।

स्त्री के अंदर स्थित अमानवीय ईर्ष्या के बारे में तब कृति ने पहली बार जाना था।

रेलनामे की अलिखित शर्तें, अफसरों को, उनकी बीवियों को अनजाने ही प्रशिक्षण देती चलतीं।

नौकरशाही का विस्तृत प्रशिक्षण।

अप्रत्यक्ष कायदे कानून अपनी लंबी बाँहें फैलाकर रेलकर्मियों की निजी संस्कृति को निगलने के प्रयत्न में रहते और बदले में अनगिनत सुख-सुविधाएँ तरह-तरह से परोसकर उन्हें सुविधाभोगी बना डालते।

एकाध दशक बीतते-न-बीतते कालेज की, नएपन की, सिद्धांतवादिता की कलई उतर जाती। कॉलोनी में रहने वाले निवासी 'फुर्र मियाँ नाक वाले' कहलाने से कतरा उठते और शनैः-शनैः रेलशाही के ढाँचे में ढल जाते।

यह ढाँचा पूर्णतया व्यक्तित्वविनाशी ढाँचा होता। कृति देखती कि अभारतीय किस्म के इस समाज के नियम, यहाँ के अलिखित कानून किसी एक के बनाए हुए नहीं थे। वह सबों के लिए बना था। सबों के सहयोग से बना भी था, लेकिन उन्हें निभानेवाले लोग नहीं जान पाते थे कि वह सबों के फायदे के लिए न था।

वह एक गर्म शाम थी जब कृतिका जयंत के साथ पहली बार डिवीजन के क्लब में बतौर मेम्बर गई। क्लब के अलग-अलग हालनुमा कमरों में स्थित बिलियर्ड रूम, कार्डरूम और लाउंज एक साथ मिलकर भव्यता के अदृश्य बुर्जियों की संरचना करते प्रतीत हो रहे थे। ऊँची छतों वाले कमरों में पसरी ठंडक, यूनिवर्सिटी के लाइब्रेरी हाल और बरामदों की ठंडी निस्तब्धता और प्रैक्टिकल रूम की गहमागहमी से अलग थी।

रेल-समाज के दो हाथ और दो पैर वाले व्यक्तियों की असंवेदनशीलता क्लब के लॉन से लेकर पूरे परिवेश पर छाई रहती।

कृतिका को नहीं पता था कि रेलशाही में जगह-जगह बिखरे कई मोड़ नासमझ

लोगों की प्रतीक्षा में रहा करते हैं।

नए नवेले अफसर अपनी पत्नियों के संग पुराने घुटे हुए लोगों की तिरछी निगाहों के आगे से गुजरते और आगे प्रतीक्षित किसी अंधे मोड़ पर दुष्टतापूर्वक बिखराए गए काँटों पर अपने नंगे तलबे सीधा रख दिया करते।

कृतिका ने अच्छी तरह तर किए गए लॉन के हरेपन के ऊपर छाई वाष्पित परत को देखा।

हर शाम क्लब का बैरा गोल रमी टेबल पर सफेद टेबल क्लाथ बिछाता। उस पर तीन पैक कार्ड के और पपलू की गोटियाँ रखता। रंगबिरंगी गोटियों से भरा प्लास्टिक का डिब्बा।

सफेद रंग वाली गोटियाँ दस रुपया दर्शातीं और हरे रंग की एक रुपया। चारों ओर लगी बारह कुर्सियाँ कभी-कभी पूरी भर जातीं। ज्यादातर आठ-दस लोग ही पपलू के खेल में शामिल होते। तीनों ताश की गड्डियों को एक साथ मिलाकर बाँटने वाला व्यक्ति अपने ठीक बगल में बैठे व्यक्ति की ओर बढ़ाता। कट करने के बाद आधी गड्डी में से जोकर पलट दिया जाता। यहाँ तक तो खेल रमी का खेल ही रहता लेकिन जोकर के बाद वाले पत्तों में स्थित पपलू की उपस्थिति खेल के ढंग को बदल डालती। पपलू पाने वाला व्यक्ति ज्यादा पैसे समेट लेता। वह जीतता हुआ दिखता।

हर 'शो' के बाद पैसों के ढेर इस व्यक्ति के सामने से उस व्यक्ति के सामने सरक जाया करते।

खेल की फैलती परतों के बीच शाम, रात के पैरों तले अपना सर झुका देती। रात उन्हीं पगों से आगे बढ़ती। साढ़े नौ, दस से बढ़ते-बढ़ते घड़ी की सूई साढ़े ग्यारह पर जा पहुँचती।

कृति ने खुले आसमान के नीचे लगे पपलू टेबल की गोलाई के चारों ओर बैठे आठ स्त्री पुरुषों को देखा, खाली कुर्सियाँ मानों कृति और जयंत की प्रतीक्षा में थीं।

आओ पार्टनर! लाइन से कब लौटे? जयंत के बॉस मय पत्नी के वहीं आसीन थे।

जयंत ने आगे बढ़कर सभी से हाथ मिलाया।

"आप लोगों के पत्ते भी बाँटे जाएँ?"

जयंत ने स्वयं के लिए हामी भरी और वे खेल में शामिल हो गए। जयंत जल्दी-जल्दी रेल के छल-बल को कायदे से अपने अंदर उतार लेने को तत्पर रहते। पुरानी प्रचलित प्रथाओं के निभाव को अपनी सफलता मान लेने को पूरी तरह तैयार।

यह कायदों को सीखने का समय था।

कृति ज्यादातर इन सबसे अनजान बनी रहती।

नौकरशाही की नब्ज के बीच किस-किस बिंदु पर अंग्रेजियत के काले धब्बों के गहरे छापे मौजूद हैं, कृति इसे नहीं जानती।

इस तरह की आधी-अधूरी अंग्रेजियत की गंदी खाइयों के बीच विचरते लोग किस मानसिकता को प्रतिबिम्बित किया करते हैं—इससे भी कृतिका बिलकुल अनजान बनी आगे बढ़ती। बड़ी संपत्ति को अपनी कुशाग्रता के बल पर अर्जित करने वाले विद्वान वकील पिता की संतान कृतिका इस समाज के विभिन्न पहलुओं से एकदम अनजान थी। लेकिन अब नौकरशाही की खुदी हुई खंदक उसके इंतजार में थी और कई अँधेरी रपटन भरी गलियाँ प्रतीक्षा में।

"मिसेज जयंत को वूमन आर्गेनाइजेशन का ज्वायंट सेक्रेटरी बना दिया जाए तो कैसा रहे?"

मिसेज डीआरएम ने वहीं पपलू टेबल पर कृतिका का चुनाव लेडीज क्लब के लिए कर डाला।

लेडीज क्लब के 'ल' से भी अनजान कृति वूमन आर्गेनाइजेशन की ज्वायंट सेक्रेटरी बना दी गई।

कृतिका ने जिस अनजाने पथ पर कदम रखा था, वह पथ ऐसे अनेक ऊहापोह वाले प्रश्नों से जुड़ा हुआ था। उन सन्नाटों का स्वप्न भी अभी कृति की पलकों पर नहीं उतर पाया था।

कृति अनजाने पथों के लुभावने, घुमावदार रास्तों के बीच लगातार अग्रसर रहा करती, जिन पर चलकर उसे कई जरूरी पाठ सीखने बाकी थे।

''सोचती हूँ मीटिंग में नहीं जाऊँ।''

''क्यों?''

''वहाँ जाकर कुछ काम की बात तो होती नहीं, बस लगाई-बुझाई सिखावन-बुझावन चलता रहता है।''

'तो क्या हुआ?'

जयंत असंवेदनशीलता के अंतिम कगार पर खड़े होकर पूछते और अशिष्टतापूर्वक बात का जवाब ढंग से दिए बिना ही ऑफिस चल देते।

सुबह के बीतते समय डायनिंग टेबल पर अकेले बैठे चाय के अंतिम प्याले में चम्मच हिलाती हुई कृतिका किसी-किसी दिन अकारण मुरझा-सी जाती।

वह समझ नहीं पाती कि जीवन जीने के लिए जो आवश्यक तत्त्व उसके अपने हिसाब से जीवन में उपस्थित होने चाहिए वे तत्त्व, वे जरूरी तत्त्व स्वयं उसके जीवन से अनुपस्थित क्यों हैं?

क्या औरों का जीवन भी ऐसा ही होता है? जरूरी भावों से वंचित?

और उन्हें इस खालीपन की खबर ही नहीं लगती। वे तमाम जिन्दगी भौतिक तामझाम अपने चारों ओर फैलाते जाते हैं, उसके बीच रचे बसे हुए स्वयं को अमीर, संतुष्ट समझते रहते हैं।

इस सत्य को कृति स्वीकारना नहीं चाहती।

वह मानों अपने अंतर के गह्वर में पैठकर सत्य से रू-ब-रू होते हुए डरती। वह टूटी-फूटी चिंदियों को जोड़कर एक पूर्ण आकृति बनाना चाहती और यह हो नहीं पाता। ऐसे लम्हों में पराजय की परछाईं वहाँ झिलमिला उठती।

लेकिन प्रकट में कहीं कोई हार या पराजय थी ही नहीं।

हार मान लेना, उसे स्वीकार कर लेना कृति के स्वभाव में था भी नहीं।

गलतियों को मान लेना, उन्हें सुधार लेना, सुधार कर स्वयं को सही दिशा में मोड़ देना कृति जानती थी।

मर्यादित जीवन का यह औजार कृति के पास था। लेकिन हार मान लेने जैसी बात मैथ्स पढ़ी हुई कृति की जीवनशैली के बीच कहीं नहीं थी। उसे यह पता था कि हर सवाल का जवाब कहीं न कहीं होता है जरूर। आज या कल उसे मिलेगा भी अवश्य। बात सिर्फ उसे तलाश लेने की है।

कृति सुलझाव की तलाश करती।

वह उस जमीन तक नहीं पहुँच पाई थी जहाँ सुलझाव नहीं था। कृति मानने को तैयार नहीं थी मानव स्वभाव और मैथ्स दो अलग चीजें हैं। दोनों से निपटने के औजार एक-दूसरे से नितांत अलग होते हैं। कृति अब तक के अपने जीवन में कई जरूरी बातों से अनजान रही थी। वह प्रयत्न करते रहने में विश्वास करती आई थी। वह अपने विश्वास को, अच्छी चीजों पर टिके रहने वाले अपने विश्वास को डिगने देना नहीं चाहती थी।

यह विश्वास कृतिका के खून में था। उसकी धमनियों में रक्त प्रवाह के साथ-साथ यह विश्वास दौड़ता। हमेशा स्वयं को जिलाए रखता।

कृति नहीं जान पाती कि स्वयं वह और जयंत एक राज्य से ताल्लुक रखने के बावजूद बिलकुल अलग ढंग के पारिवारिक ढाँचे में पले-बढ़े हैं।

जयंत के परिवार में नैतिकता के मापदंड अलग थे।

"पहले क्या था यहाँ इंडिया में? वो तो अंग्रेज आए कि यहाँ कुछ प्रोग्रेस हुआ वरना था क्या यहाँ?"

जयंत विदेश में बसे अपने संबंधियों की शानोशौकत को जानकर वहाँ के प्रति जरूरी श्रद्धा से भर उठते।

इतिहास और उपनिषद पढ़ी हुई कृति इस विचित्र प्रतिस्थापित सिद्धांत के बारे में जानकर आश्चर्यित हो उठती। संस्कारों से संबंधित तथ्यों की फाँस जब-न-तब वातावरण में अटक जाती।

जयंत के परिवार की यह तीसरी पीढ़ी थी जो नौकरीपेशा थी।

खाते-पीते, खाए-अघाए हुए लोग, जिनके लिए उनके बाप-दादों का अंग्रेजों की नौकरी करना फख्र की बात थी, लेकिन कृति के परिवार में यह पहली पीढ़ी थी जिसने नौकरी की थी। कृति को अपने वकील पिता के द्वारा अंग्रेजों के राज में डिप्टी कलक्टरी पाकर भी छोड़ दिए जाने के किस्से की याद आती। इस बिंदु पर पहुँचकर कृति और जयंत के परिवार के नैतिक मापदंड एक-दूसरे से इतने अलग थे कि शायद विपरीत थे।

कृतिका ऐसी-ऐसी बातें नहीं समझ पाती थी। शायद कृतिका मानव स्वभाव को ही नहीं समझ पाती थी। उसके स्वयं के अंदर उपस्थित देव स्वभाव के अंश अनजाने ही उसे आसुरी तत्त्वों को परिलक्षित करने से रोक दिया करते।

कॉलोनी में बसने वाली आम स्त्री के चरित्र में स्थित ईर्ष्या, द्वेष शिकायत, निंदा आदि को कृतिका ने विपरीत से विपरीत परिस्थितियों में भी नहीं अपनाया। ऊपरी सतह पर वह सबों के बीच मानों हारी हुई सी आकृति दिखती। लेकिन अपने सिद्धांतों के बीच रत्नजटित गुफा के मुहाने पर जटित मणि सी प्रकाशित। रत्नजटित गवाक्ष पर खड़े आत्म विचारणा में मग्न, राजा बलि की आकृति के बिम्ब कृति के जेहन में झिलमिलाते।

कृतिका अपने मन में जीतती हुई रहती।

उसे योगवाशिष्ठ में वर्णित कथ्य याद आते—

'मेरुश्रृंग शिखा रत्न कृत वातायन स्थितः एकदा चिन्तयामास स्वयं संसारसंस्थितिम्...,

...मेरुपर्वत के शिखर पर रत्न जड़े हुए गवाक्ष पर खड़े होकर राजा बलि ने अपने तीनों लोकों के साम्राज्य और विनष्ट होने वाले संपूर्ण भोगों के बारे में विचार किया... और तब बलि ने मोक्ष नामक देश में स्थित अकेले, महातेजस्वी राजा (आत्मा) के बारे

में विचार किया जो सर्वकर्ता, सर्वव्यापक और कूटस्थ है—'एक एवास्ति सुमहांस्तत्र राजा महाद्यतिः, सर्वकृत, सर्वगः सर्वः स व तूष्णीं व्यवस्थितः।'

एक नए किस्म के संसार की खिड़की कृति के लिए हमेशा खुली रहती, जिसमें रानी लीला से लेकर चूड़ाला और सत्यकाम-जाबाल से लेकर उपमन्यु तक उपस्थित रहा करते। कृति को जबलपुर में नर्मदा के बीच स्थित दत्तात्रेय की गुफा की याद आती। ठीक वहीं पहुँचकर नाव का चहुँओर घूम जाना याद आता।

फोन हमेशा की तरह कभी भी बज उठता—रात-बेरात, अल्लसुबह या मद्द दुपहरिया में। फोन की घंटी मानो जयंत के मस्तिष्क के खास जाग्रत कोण से जुड़ी रहती। जैसे ही फोन बजता जयंत सोई नींद से जागकर फौरन रिसीवर पकड़ लेते—

"हलो! जयंत श्रीवास्तव।"

"कितना वैगन गिरा?"

"मिड सेक्शन में? अच्छा।"

"किलोमीटर बताओ।"

जयंत वैगन गिरने की सही-सही जगह को दरियाफ्त करते।

"ट्रैक डैमेज कितना हुआ?"

"कंट्रोलर को बोलो रिलीफ ट्रेन आर्डर करे।"

जयंत यथासंभव जागे हुए स्वर में बोलते, मानों वे सो ही न रहे हों।

कृतिका को पति की इस भंगिमा पर शुरू के वर्षों में हँसी आती रही, प्यार आता रहा। बार-बार हिलाने से भी न उठने वाला व्यक्ति, चाय कॉफी के कप को एकदम ठंडा हो जाने देने वाला व्यक्ति, जगाए जाने के एक-एक घंटे बाद तक आँखें झपकते हुए

उबासियाँ लेते रहने वाला व्यक्ति ऑफिसियल फोन के दौरान कैसे एकदम चैतन्य हो उठता है यह बात कृतिका के मन में गहरा आश्चर्य जगाती।

शुरू के वर्षों में पति की यह चैतन्य भंगिमा कृतिका को हँसाती रही। लेकिन धीरे-धीरे कृतिका फोन आने से डरने लगी। वह जयंत की भंगिमा में छिपे कर्मठ इंजीनियर के अंदर डरे हुए रेल प्रशासक को पहचानने लगी। खासकर ग्यारह बजे रात के बाद और छह बजे सुबह के पहले बज उठने वाली फोन की घंटी की आवाज से वह बेतरह खौफ खाने लगी। ये घंटियाँ डिरेलमेंट से संबंधित हुआ करतीं। छोटे-मोटे ब्रिज के क्रैक हो जाने से संबंधित होतीं। बारिश में टैक के वाशआऊट हो जाने से संबंधित होतीं और गर्मियों में ट्रैक पर पत्तों की मोटी तह के कारण इंजन के फिसल कर गिर जाने से संबंधित हुआ करतीं। इन सभी परेशानियों को जयंत जी-जान लगाकर सुलझाते। घंटों, दिनों, हफ्तों लगातार बिना थके काम करते। बीच-बीच में सिर्फ नींद के जरूरी घंटे उनके काम में व्यवधान डालते। जयंत सहर्ष साइट पर जाते, वहाँ रुकते, काम के बीच समय बिता डालते। और स्वयं ही अपने कर्तव्य पालन पर खुश हो उठते।

जयंत लगातार खटते। यह भूलकर कि रेलवे उनकी अपनी निजी संपत्ति नहीं है जिसकी बढ़ोतरी वे कहीं पौधों की नर्सरी लगवाकर कर रहे हैं। कहीं ट्रैक के सही रखरखाव के लिए अगले तीन सालों तक काम आने वाले सामान के जुटाव के लिए बहसों में उलझे हैं, जरूरी कागजात तैयार करने में कई-कई रातों तक एक साथ जग रहे हैं। जयंत ऐसे समय में भूल जाया करते कि रेलशाही सभी अफसरों से एक अलग तरह का समान व्यवहार करने को प्रतिबद्ध है। 'गधों, घोड़ों को एक ही लाठी से हाँकने' वाली कहावत हर पल यहाँ की फिजां में लहराती रहती। वक्त आने पर रेलशाही यह भूल जाया करती कि किसी अफसर ने अपनी अकूत काबिलियत दिखलाकर यदि बीच शहर में कम्युनिटी हाल बनवा दिया और उस हाल को किराए पर देते रहने के क्रम में चार ही सालों में प्रशासन ने लाखों रुपये बटोरकर अपने खाते में डाल लिए तो उस खास अफसर के प्रति एक खास 'न्यायपूर्ण' सम्मानजनित रवैया अपनाना प्रशासन के लिए एक जरूरी कर्तव्य की तरह है।

लेकिन जयंत नकारात्मक प्रशासनिक व्यवहारों की बात याद नहीं रख पाते। मैनेजमेंट के बेढंगे नियमों के बीच फँसी कार्यशील मर्यादा कसमसा उठती। यहाँ काम नहीं सीआर देखा जाता। बिना किसी खास काबिलियत को दर्शाए जोखिमपूर्ण कार्यों को करने की जहमत न उठाने वाले अफसरों का सीआर साफ-सुथरा हुआ करता उन्हें प्रमोशन समय पर मिला करता।

"ये अपने वर्मा को क्या हुआ? उसके बैच के लोग तो प्रोमोट हो गए। बन्दा अभी तक पुराने ही पोस्ट पर है।"

कौतूहल भरी फुसफुसाहट लंबे-चौड़े मीटिंग हाल की टेबल पर सरसरा उठती। वह फुसफुसाहट बगल की कुर्सी के बाजू तक झुक आती।

"बन्दे को जल्दी से जल्दी काम खत्म करवाकर बॉस को खुश करने की पड़ी थी। वहाँ ब्लास्ट सेक्शन में गिरा और ये यहाँ फँसा।"

उपेक्षापूर्ण मुस्कराहटों की लेसर किरणें वर्मा की शर्ट के आर-पार हो जातीं। वर्मा हारी हुई मुद्रा में अपनी कुर्सी पर बैठा रहता। सिर्फ ऑफिस में फाइल देखने वालों के लिए और ऑफिस और साइट दोनों को सँभालने वालों के सामने काम करने की परिस्थितियाँ दो होतीं, लेकिन दोनों की सीआर लिखने वाली कलम एक ही होती।

रेल के डिब्बे ऑफिस की फाइलों पर नहीं, खुले आसमान के नीचे ब्लास्ट पर रखी गई ट्रैक के ऊपर दौड़ते।

ऑफिस का एअरकंडिशनर कभी घंटे भर के लिए रुक जाता तो लोग बेचैन हो उठते। लेकिन ट्रैक पर खड़े होकर काम करवाने वाले अफसर धूप-बारिश सभी झेलते।

सीआर का दुरुस्त होना प्रमोशन के लिए जरूरी तत्त्व हुआ करता।

इस जरूरी तत्त्व को जुटाने की खातिर लोग अपने सिद्धांतों की बलि दे देते, नए-नए सिद्धांतों की रचना किया करते। कृति को जरूरी तत्त्वों को उकेरने वाले रेल इतिहास के पन्नों की याद आती। उसे पचास के दशक के शुरुआती वर्षों में बनाए गए नियमों की याद आती। द्रष्टा भाव की लहर कृति की पलकों पर थरथरा उठती।

रेल का सोशियो-इकॉनॉमिक ढाँचा काली परत की नाईं पूरे पचास सालों पर फैल जाता।

VII

पचास के दशक में बनाया गया रेलवे का ढाँचा काली परल की नाईं पूरी रेलशाही पर आरपार झुका हुआ दिखता। कृति की सोच में अनगिनत लहरें एक साथ उठतीं।

अनगिनत लहरों वाली दमकती झालर के पीछे असंख्य रोशनियों का जादू था, साँप जैसी बल खाती उन सुचिक्कन तहों पर फिसलते वक्ती रेशे थे। कृति की सोच के बीच सर्पमणि से दमकते फेनिल लहरों के कई रेले एक साथ डगमग करते। उसे ट्रेनिंग कॉलेज के प्रोफेसर मलहोत्रा की तथ्यपूर्ण उक्ति याद आती—"उन्नीस सौ पचास से लेकर छप्पन तक जो भी जरूरी बदलाव यहाँ हुए, उनमें सबसे महत्त्वपूर्ण था सभी रेलवे को जोड़कर एक अलग किस्म की सुदृढ़ बड़ी इकाई बना डालना और उस बड़ी इकाई को मिनिस्ट्री की हथेली के नीचे स्थापित कर डालना।"

"इस पूरी व्यवस्था के त्रिकोणिक संरचना के शीर्ष बिन्दु का गठन हुआ ही इसीलिए था क्योंकि इसमें किन्हीं खास लोगों के अनंत फायदों की बात छुपी हुई थी। साथ ही किन्हीं अन्य लोगों की काबिलियत के गलत इस्तेमाल की भी।"

"इस सारे चक्र में निहित कपटपूर्ण विक्षेपों को देखकर किसी ने इसे बदला नहीं?"

"आप समझ नहीं रही हैं मिसेज श्रीवास्तव। वहाँ ऊपर में परसन टू परसन कोई गलत विक्षेप है ही नहीं। वहाँ बड़े-बड़े पावर के बीच स्विट्ज़रलैंड से लेकर जर्मनी तक की ट्रिप है। पेरिस से लेकर जाम्बिया तक में कराई जा सकने वाली लम्बी-लम्बी पोस्टिंग है।"

"लेकिन वहाँ बैठे लोग निचली जड़ों के संरक्षण की बात नहीं सोचते? मूल संरचना के पोषण के बारे में ध्यान नहीं देते?"

"अपनी कुर्सी को बचाए रखने पर ध्यान देते-देते वहाँ बैठे लोगों की सारी ऊर्जा

खत्म हो जाती है। उनके लिए बाकी बातें शायद बेमानी हैं।''

''तो इसी आचार संहिता के एवज में सकारात्मक नियम बनते-बनते रह जाया करते हैं?''

''ये मैं नहीं कहूँगा। आखिर मैं भी तो उसी व्यवस्था के बीच नौकर हूँ।''

मिस्टर मलहोत्रा ने अपनी चिर परिचित दबंग हँसी से अपने ही ड्राइंग रूम को हिला डालने की कोशिश कर डाली थी।

कृतिका कॉफी के झाग पर नजरें टिकाए हुए मुस्करा पड़ी थी। बुलबुलों से भरी गोलाई के नीचे उफनी हुई कॉफी की सतह शायद स्थिर थी या फिर स्थिरता की तलाश में थी, नन्हे-नन्हे बुलबुले एक-एक करके निःशब्द फूट रहे थे। बुलबुलों को अपनी निस्सारता के बारे में नहीं पता था, परकुलेटर की अंदरूनी धड़कनों ने उन्हें रचा था, हवा की खुली तह उन्हें गायब किए दे रही थी।

वहाँ सामने दीवार पर रोशनी की उजली नदी की लहरें झिलमिला रही थीं, उज्ज्वलता से भरी हुई वे अपने उद्गम स्थल पर लैंपशेड के किनारों से सीधी निकल आने की चेष्टा करतीं, लेकिन नीचे लगी झालर उन रौशन लहरों के किनारों पर लहरिया के बूटे काढ़ डालतीं। उन लहरों के आगे बढ़ने के रास्ते को रोक अपनी हथेली फैला देतीं। रौशनी का रेला वहीं थमक जाया करता।

उन बेचैन दिनों की परतों के मध्य कृतिका स्वयं को अनजानी उलझनों के बीच घिरा हुआ महसूस करती, जब पूरे दिन रह-रह कर फोन की घंटी बजती रहती। फोन पर जयंत लगातार हिदायत देते रहते। फोन के उस सिरे पर स्थित व्यक्ति को, व्यक्तियों को उनकी नाकामयाबी के लिए डपटते रहते–

''रात से सुबह हो गई, अभी तक ट्रैक चालू नहीं हुआ। क्या पूरा गैंग सो रहा था?''

''रिलीफ ट्रेन आर्डर हुई?''

"तुरंत साइट पर जाओ। फौरन।"

"स्लीपर लोडिंग दो घंटे में हो जाना चाहिए। समझा?"

"गैंगमैन स्कूल से पचास खलासी साइट पर भेजो। जल्दी।"

यह चीख-चिल्लाहट, नाराजगी पूरे वातावरण को अपनी लपेट में ले लेती। उस लपेट के अन्दर काम को समय के पहले पूरा कर डालने का चैलेंज होता, उस चैलेंज को स्वीकार करने का दंभ तो वहाँ पसरा दिखता, लेकिन काम को पूरा कर डालने की क्षमता जिन व्यक्तियों की बुद्धि और बाजुओं पर टिकी होती, उनके प्रति किसी भी तरह पूरी तरह विश्वस्त नहीं रहा जा सकता था—यह सत्य चाकू की तेज धार की तरह वातावरण पर कौंधता रहता। शायद इसी तत्त्व को जयंत जानते थे और इसीलिए इतना चिल्लाते थे।

कृतिका भी इस सत्य को धीरे-धीरे जान गई थी। जानते तो इस सच को जयंत के बॉस और सुपरबॉस भी थे, लेकिन रेलशाही में सामने खड़ा सवार जब निशाने पर हो, तो बाकी दूर खड़े व्यक्ति स्वयं को ओट में रखकर सुरक्षा भोगने की नीति के तहत काम करते। वे निशाने पर खड़े व्यक्ति की ऊहापोह और परेशानियों का एक तरह से आनंद लेते।

यह एक किस्म के सैजिस्टिक प्लेजर के पूरे तंत्र के घुले-मिले होने की सच्चाई थी। कड़वी और खतरनाक सच्चाई। लेकिन रेलशाही की रगों में यदि ज्यादातर कोई रक्त बहता तो इसी किस्म का।

कुछ सिद्धांतवादी लोग इस तंत्र में जरूर जगमगाते बिंदुओं की तरह थे जो उन सभी वाहिनियों की सही ढंग से साज-सँभाल कर सकते थे। ये वे लोग थे जो समान उसूलों का पालन करने वाली आचार संहिता वाले परिवारों से आए थे, भारतीय मापदंडों वाले परिवार से उन्होंने कर्मठता और ईमानदारी का सबक सीखा था। उनकी रगों से अभारतीयता दूर थी।

लेकिन नकारात्मक उसूलों वाली रेलशाही ऐसे व्यक्तियों को कुछ खास पसंद नहीं किया करती। वह ऐसे लोगों को मानों सबक सिखाने की ताक में रहती।

कृतिका हैरान हो उठती।

जो लोग रेलवे के वास्तविक फायदे की बात सोचते, पूरी नौकरी के दौरान इसकी रक्षा किया करते उनकी रक्षा उनके सुकून से मानों व्यवस्था को कोई मतलब ही न था। लेकिन सकारात्मक भंगिमाओं वाले लोगों को वे अन्य तरह के लोग अच्छी तरह पहचानते और खतरनाक मानते जो स्वयं इस तंत्र की जड़ काट देने की ताक में रहते। वे अच्छी तरह इस सत्य को पहचान लेते कि दूसरों के द्वारा किसी भी किस्म की निभाई गई सकारात्मकता उनकी अपनी नकारात्मक छवि को पूरी तरह उभारकर उन्हें दृश्य पटल पर रेश-रेशे प्रकाशित कर डालती है। उन रेशों की परछाइयाँ पूरे आसमान को ढँक लेतीं। सूरज काली परछाइयों तले दब जाया करता।

कृतिका रेल की नब्जों को परखने के क्रम में कई बार स्वयं ही डर जाया करती—उसे भूतपूर्व टाइटैनिक जहाज की याद आती, जिसकी दीवार से रगड़ खाकर कोई हिमशैल चुपचाप गुजर चुका था और डूबने की तैयारी करते जहाज के ऊपरी डेक पर खिलखिलाते नृत्यमग्न लोग थे, नीचे के फ्लोर पर बदहवास घूमते इंजन रूम के कर्मचारी थे।

कृति उन डिवीजनों की बात सोचती जो किसी किस्म का मुनाफा नहीं कमाते, आय को बढ़ाने में उनकी कोई हिस्सेदारी नहीं होती। वहाँ के लोगों को रेलशाही खुशहाल जिंदगी मुहैया कराती।

कृति को मुनाफा देने वाले डिवीजनों के दीन-हीन बने लगातार खटने वाले रेलकर्मियों की याद आती।

कृतिका को एक साथ कोलाबा, दिल्ली और मद्रास की दूध-सी जगमगाती रोशनियों वाली कॉलोनी में रहने वाले कर्मचारियों की याद आती, साथ ही उसे चक्रधरपुर, आद्रा और खड़गपुर की अँधेरे में डूबी कॉलोनियों के लोगों के दुःख याद आते। सत्यों से परिचित होने के क्रम में कृतिका चौंक-चौंक उठती।

पूरे भारत के अलग-अलग प्रांतों के अलग-अलग स्वभाव को जानकर कृति चौंक उठती।

''जयंत! वो फाइल मुझे दे दो, मैं अब निकलूँगा।''

''अभी तो टाइप पूरा नहीं हुआ है, टाइपिंग क्लर्क चाय पीने चला गया है। थोड़ा रुक जाओ यार।''

जयंत की आवाज उस दुपहरिया में कुलीग के सामने झुक गई थी।

''ड्यूटी आवर्स में क्लर्क गायब। हमारे यहाँ ऐसा नहीं है, वहाँ लोग काम के घंटों के बीच चाय पीने बाहर नहीं भागते।''

दक्षिण दिशा से जयंत के पूर्व परिचित इंजीनियर आए हुए थे।

''अच्छा! यहाँ तो बाबू लोग ग्यारह बजे आते हैं और साढ़े तीन बजे छुट्टी। बीच में दो बार चाय पीने का समय अलग।''

जयंत ने दुःखी होकर स्वीकारा था।

नीचे त्रिवेन्द्रम से लेकर ऊपर जम्मू तक और बाएँ द्वारका से लेकर दाएँ तिनसुकिया तक फैली लाइनें कृतिका के जेहन में कभी-कभार उभर आतीं और वह इन सबके बीच स्थित मुख्यालय व मिनिस्ट्री की बात सोचती—ये सभी कृतिका के सामने एक साथ एक लड़ी में गुँथे हुए दिख पड़ते।

यह एक ऐसी बड़े घेरे वाली लड़ी थी कि शुरुआती छोर की सच्चाइयाँ अंतिम सिरे पर पहुँचकर लुप्तप्राय दिखतीं। ठोस जमीन पर गैंता चलाकर ट्रैक बिछाने वालों के जेहन में जो निष्ठा रेल के प्रति दिखती, वह निष्ठा शीर्ष पर स्थित महाप्रभुओं की श्रद्धा से पूर्णतया भिन्न दिखती। विपरीतात्मक। यह एक विचित्र तरह का लोकतांत्रिक परिवेश था, जिसके नियमों के बारे में बिलकुल साफ-साफ कुछ भी नहीं कहा जा सकता था। भलाइयाँ-बुराइयाँ एक साथ गड्ड-मड्ड थीं। भारतीय और अभारतीय तेवर एक ही जगह एक ही व्यक्तित्व के अंदर मौजूद थे।

पेचीदगियों से भरे इस अलग तरह के संसार में अटकलबाजी ज्यादा चलती। ठोस सबूतों को नकार दिया जाता, सच्चाइयाँ घबड़ाकर अपना मुखड़ा छिपा लिया करतीं।

आधी लंबाई तक बीत चुकी रात्रियों में कृतिका की आँखें खुल जातीं, वह जग जाती। पेट के बल लेटे हुए अपने शरीर के नीचे गद्दे की मुलायमियत और गाल के नीचे तकिए की नरमाहट को एक साथ महसूसती हुई वह सोचती कि इतनी रात गए आखिर आँखें खुलीं क्यों?

अपने दाहिने पैर के तलवे पर से जयंत के दाहिने पैर की अँगुलियों को महसूसती हुई कृतिका को अपने बाएँ घुटने के पिछले हिस्से पर स्थित जयंत के पैर का स्पर्श भरमाता।

वास्तव में उसकी नींद अपने हाथ की अँगुलियों, मांसपेशियों में हो रहे खिंचाव के कारण खुलती। जयंत के कंधे-गर्दन के नीचे काफी देर से दबे हुए अपने हाथ को वह धीरे से खींचने की सोचती।

कृतिका धीरे-धीरे अपने एक-एक हाथ और पैर को मुक्त कराती और स्वयं बाईं ओर की खुली जगह में हौले से खिसक आती।

जयंत की उनींदी आवाज उठती—

"कहाँ जा रही हो?"

"बस! बाथरूम।"

जयंत निश्चिंत होकर फिर से नींद में डूब जाते लेकिन कृतिका फिर नहीं सोती। उसके अंदर एक अलग किस्म की जाग जन्म ले लेती। वह जगना चाहती, अकेलेपन के बीच बैठकर सारी बातों को सिलसिलेवार ढंग से सोचना चाहती।

ऐसी निस्तब्धता के आलम में कृति डायरी लिखती। पन्ने दर पन्ने डायरी। कृतिका के अंदर की यह जाग कई बार उसे अधनींदे से उठा डालती।

एक अनजाने किस्म का भय चारों ओर एक साथ उग पड़ता।

भय तरह-तरह के रूप धरकर कृति को अपनी लपेट में लेने की चेष्टा करता।

भय ने धीरे-धीरे कृति को अपनी लपेट में लेना शुरू किया—सालों साल तक लगातार बिना छुट्टी लिए जयंत के काम करते जाने के कारण उपजी व्यस्तता के भय ने, नकारात्मक नीतियों वाले प्रशासन के लिए खटते जाने वाले पति के कारण पूरे घर में छा जाने वाली विचित्र प्रकार की रुटीन के भय ने, सबके ऊपर जयंत के सकारात्मक ढंग से काम करते जाने और बदले में अपने आप फ्रस्ट्रेटेड होते जाने की नई आदत के भय

ने। अलग-अलग किस्म के भय एक साथ उसकी ओर बढ़ आए।

''देखा, सारी प्लानिंग मेरी थी, एक-एक प्वाइंट-क्रासिंग दुरुस्त करवाया मैंने और क्रेडिट ले लिया बॉस ने। गए हैं बड़े साहब डिवीजन का इफिशियंसी शील्ड लेने और तालियाँ स्वीकार करने।''

जयंत की गुस्से भरी दुःखी आवाज को कृति पलकें उठाकर देखती। उसकी निगाहें वापस जमीन तक झुक जातीं।

कृति ने दूर खड़े आसमान को आँखें फाड़कर देखने की चेष्टा की। वहाँ कुछ भी न दीख पड़ा। बिना छोर वाली सलेटी चादर तनी हुई दिखी।

सन्नाटे में डूबी हुई आगे बढ़ती हुई रात्रि के आहट के पैरों तले कृति की बेचैनी बवंडर की तरह उठती, उठकर ऊपर आकाश में स्थित तारों को छूने का प्रयास करती और वहीं चमकीला सलेटी बिंदु बन जम जाती।

कृति को सिगरेट के दहकते अंगार भरे छोर की याद आती और धुएँ की तलब उसके मानस को अपनी हथेलियों तले समेट लेने को आतुर हो उठती।

आकाश की गहरी नीली चादर तब बिलकुल काली दिखती जब घड़ी में सुबह के पौने चार बजे होते।

घड़ी की सूई आगे बढ़ती। हवा अपने थिथरेपन को छोड़ हल्की हो उठती। वह हल्की हवा आकर चुपचाप कृतिका के चारों ओर खड़ी हो जाती। कृति को मालूम भी न पड़ता। तभी बीच में खींची गई एक तेज साँस के जरिए हल्की हवा का रेला सरसराता हुआ उसकी शिराओं में जा पहुँचता।

बहुत धीमी-सी एक नरम ध्वनि हवा में तैर जाती, बाहर बगान में खड़े आम और कदम्ब की शाखों के बीच से कोई पक्षी शावक कुनमुना उठता। मानों अपनी माँ से इसरार करता हो कि इस दम वह उसके पास ही बनी रहे, बाहर जाने को आगे पूरा दिन पड़ा है।

कृति ने जोर से अपनी साँस अंदर खींची। साँस के गोले को अंदर रोका। कुंभक के कुंभ ने अपने पूरे आकार में फैलने की चेष्टा की, फिर आगे बढ़कर रेचक से जा मिला। पत्तों की हरिअरी और अनजाने फूलों की गंध में लिपटी हवा ने उसे पोर-पोर तलक उज्ज्वलता से भर दिया।

आधी अधमुँदी हुई उस सुबह की अधखुली पलकों के बीच से गुजरकर कृतिका बरामदे की सीढ़ियाँ उतरकर लॉन में चली आई।

लॉन का वह टुकड़ा जो कृति के जुड़े हुए तलवों के नीचे था मात्र घास की चादर तले दबा मिट्‌टी का टुकड़ा न था।

वहाँ से एक सीधी लकीर उठी हुई थी।

वह लकीर ऊपर उठते-उठते आकाश के उस सूराख में जा मिली थी, जहाँ से सूर्यलोक के भिन्न-भिन्न अंग पृथ्वीवासियों की तरफ उन्मुख रहा करते।

जुड़े हुए उन तलवों के ठीक मध्य बिंदु से होकर गुजरने वाली उस रेखा ने पृथ्वी के बीचोंबीच खड़ी उदग्र रेखा के साथ पहले तो पृथ्वी के केंद्रक को छुआ फिर वह निचले सिरे के ठीक बीचोंबीच स्थित बिंदु पर से होकर निकल पड़ी और पूरे अंतरिक्ष को बीच से चीरती हुई वह भी सूर्यलोक के खुले मुहाने तक जा पहुँची।

समान सतह में फैली हुई मिट्टी के ऊपर पसरे हुए पूरे बगान को कृति ने एक साथ पूरी समष्टि में देखा—दूब की हरी परत के पूर्ण चैतन्यता के पसराव को देखने के क्रम में उसने लॉन को चारों ओर से घेरने वाली पतली सड़क को देखा। वह पतली किनारी-सी सड़क बाईं तरफ मुड़कर वापस वहीं चली आई थी जहाँ से वह शुरू हुई थी।

घास की परत को अदृश्यतापूर्वक काटने वाली तिर्यक रेखा ठीक उस जगह जाकर मिल रही थी, जहाँ तपस्वी की मुद्रा में स्थित पुराने चीजबिलाई के पेड़ का मोटा तना था। काली और खुरदरी जड़ के पास वहाँ एक अदृश्य आसन दिखता। कृति को अकसर महसूस होता कि ध्यानासन में एकाग्र होकर बैठ जाने के लिए ही वह जगह शायद बनी थी।

उस बंगले ने तपस्वियों के लिए भी थोड़ी जगह अपने पास छुपा रखी थी।

कृति ने ऊपर पत्तियों के झुरमुट को आसमान पर बिखरे देखा। आसमान की कोर उन झुरमुटों के पीछे कहीं छिपी हुई थी। उस हल्की नीली सतह पर मटमैलापन झलक उठा। कृति ने चप्पलों को वहीं लॉन के सिरे पर उतार दिया। नंगे तलवों की सतह हरी चैतन्यता के सीधे संपर्क के जादू तले आगे बढ़ने लगी।

वहाँ आसमान की सतह का प्रतिबिम्ब स्वयं को नीचे गिरने से रोक रहा था, वृक्षों के शीर्षाग्र एक-एक करके उस आसमानी सतह को छूकर आगे बढ़े जा रहे थे। ये नए दिशाकोणों की आवाजाही के शुरुआती लम्हे थे।

कृतिका ने सभी वृक्षों को, सभी वृक्षों के पत्तों को, पत्तों के शीर्षाग्र को और आसमान को एक साथ देखा। हलचलें थम चुकी थीं। हलचलों का समय बीत चुका था।

कृति अपने दोनों पंजों को एक साथ जोड़कर सीधी खड़ी हुई।

वह पृथ्वी की सतह पर समकोणिक रूप से खींची हुई एक सीधी लकीर की तरह खड़ी हुई।

आज उसकी बाँहें 'विक्टरी' के 'वी' की मुद्रा में न थीं।

कृति ने अपनी दोनों बाँहों को कंधों की सीधाई में फैलाया। क्षितिज को आर-पार जोड़ने वाली सीधी रेखा में।

कंधे, कंधों के आगे तने हुए बाजू उसके आगे गोल केहुनी त्वचा की ढिलाई तले मौन, बाँहों की सतर सतह, कलाई के आगे हथेलियों की नर्म सतह से जुड़ी लम्बी अंगुलियाँ, उसके आगे नाखूनों के जगमगाते सिरे।

उस नर्म घास की सतह पर सीधी खड़ी कृति की एड़ियों से लेकर सिर को जोड़ने वाली सीधी रेखा की लंबाई ऊपर और ऊपर उठकर आसमान तक चली गई और वहाँ से आगे ऊपर उठकर वह लकीर सूर्यलोक के उस मुहाने में प्रविष्ट हो गई जिस छेद से हमेशा आलोकपुंज झाँका करता।

उसने पाया कि पृथ्वी पर उदग्र खड़ी उसी लकीर ने एड़ियों की सीध में नीचे और नीचे जाकर पृथ्वी के केंद्रक को छूकर उसे पार किया। पृथ्वी के निचले बिंदु से होकर निकली वह लकीर अपनी सीधाई में बढ़ती रही। उसने पूरे अंतरिक्ष को बीचोंबीच पार

किया और वह भी सूर्यलोक के उसी सुरंग में प्रविष्ट हो गई जो मानों सूर्य का समकक्षी बना उसके प्रतिबिम्ब की नाईं वहीं शून्य में स्थित था।

कृति ने सीधाई में फैली अपनी बाँहों को देखा, नाखूनों के सिरों को देखा। दोनों बाँहों को जोड़ने वाली लकीर एकदम सीधी थी, पृथ्वी की सतह के समानांतर फैली उस लकीर ने आगे बढ़कर क्षितिज के सिरों को दोनों ओर से छुआ, वहाँ आगे अनंत रास्ता बाकी था। दो लकीरें दोनों ओर से आगे बढ़ीं। उन्होंने पाया कि जब वे आपस में मिलीं तो वह पृथ्वी को चारों ओर से घेरे रखने वाले लोक की प्रथम तह थी।

उसने अपने पीछे पीठ की तरफ से बढ़ने वाली उन दोनों लकीरों को देखा जो उसके दोनों अंगुलियों के अग्राभ से निकलकर क्षितिज की ओर बढ़ीं और आगे बढ़कर वे भी उस आलोकित लोक की प्रथम तह पर एक-दूसरे से जा मिलीं, जहाँ से बारिश के दिनों में विद्युत की रेख छिटका करती।

कृति की पीठ के पीछे से अन्य ओर जाने वाली उदग्र रेखा ने भी प्रथम तो सूर्य की सुरंग को छुआ फिर पूरा अंतरिक्ष घूमकर वह भी उस रेखा को जा मिली जो एड़ियों के निचले सिरे को छूकर पृथ्वी के केंद्रक से होकर आगे बढ़ने वाली लकीर थी। कृति ने वहाँ उपस्थित सभी उदग्र रेखाओं को और समानांतर रेखाओं को आगे, और आगे बढ़ते हुए और उन्हें एक-दूसरे से मिलते हुए देखा।

उन सभी रेखाओं का कद बढ़ रहा था, वे सभी एक साथ बढ़ रही थीं। वे पृथ्वी, अंतरिक्ष, सूर्य सबों को छूती हुई आगे और आगे बढ़ रही थीं। तभी कृति ने क्षितिज से उठकर आकाश में आकारित होने वाले उस वृत्त को महसूसने की चेष्टा की जो सूर्य की परिक्रमा रेखा के समकक्ष स्वयं को सुनहले वृत्तात्मक ढंग से पसार रहा था।

कृतिका ने उस सुनहले वृत्त के परिप्रेक्ष्य में अपनी उपस्थिति के दर्ज होने के क्रम में स्वयं को फिर एक बार देखा।

और

तब।